Milena Krais

Bienenstich & Beerentarte

Köstliche Backrezepte für Frühling, Sommer, Herbst und Winter

CHRISTIAN

Für meine beiden Spätzle, R & O
In Liebe, eure Mami

Frühling

Sommer

Herbst

Winter

Vorwort

Ich bin unglaublich stolz, dass ich den Traum von diesem Buch nun in den Händen halten kann. Schon so viele Jahre denke ich, wie schön es sein müsste, eine Sammlung guter Ideen parat zu haben, die für alle Jahreszeiten passende Impulse geben. Nun liegt eine solche vor mir und sie enthält all meine Back- und Kreativleidenschaft.

Dieses Buch ist für alle Menschen, Familien, große und kleine Leute, die ihre Zeit gerne mit Kreativsein verbringen. Mir war es wichtig, eine Mischung zu finden, die sowohl Kindern als auch Erwachsenen gefällt, außerdem sollten sowohl einfache als auch einige anspruchsvollere Projekte dabei sein. So gibt es in meinem Buch Bastelprojekte für jedes Alter und alle Schwierigkeitsstufen, für Kindergartenkinder und Schulkinder, Projekte für einen Nachmittag und Rezepte, die etwas Vorbereitungszeit brauchen.

Einige der Rezepte stammen noch aus meiner Kindheit und ich freue mich sehr, sie nun an dich weitergeben zu können.

Als ich mit 19 Jahren von zu Hause ausgezogen bin, hat mir meine Mama ein handgeschriebenes Koch- und Backbuch geschenkt, in dem sie ihre besten Rezepte für mich festgehalten hat. Vielleicht war das sogar der Grundstein für dieses Buch?

Die Kapitel sind nach Jahreszeiten gegliedert, denn für mich ist die Natur eine große Inspiration. Was blüht gerade? Gibt es schon Tannenzapfen, Eicheln oder Weizen-Ähren zum Sammeln? Der Lauf der Jahreszeiten ist mir wichtig, und so bekommst du auch für große Feste wie Ostern, Fasching, Sommersonnwende, das Lichterfest an St. Martin, die Adventszeit und natürlich für Weihnachten ganz viele Ideen direkt aus meinem Herzen.

Natürlich findest du im Buch auch einige Ideen, wie du selbst oder gemeinsam mit deinen Kindern Geschenke herstellen kannst. Vielleicht hast du ja Lust, für deine Faschingsparty die Kinderparty-Salzstangen mit buntem Zuckerguss und

glitzernden Perlen zu verzieren. Im Sommer kannst du Blüten sammeln, trocknen und pressen, und dann damit ein tolles Windlicht für den Abend der Sommersonnwende basteln.

Zum Kindergeburtstag kannst du mit allen Prinzessinnen und Prinzen eine Krone aus Pfeifenputzern basteln, und im Winterkapitel findest du ein tolles Projekt, wie du aus deinen getrockneten Blättern Sterne basteln kannst – und natürlich das ein oder andere weihnachtliche, nach Spekulatius duftende Rezept.

Gemeinsames Basteln hält immer viele Emotionen bereit. Wenn etwas mal nicht klappt oder nicht so aussieht wie auf meinen Fotos: Keine Panik! Die meisten Sachen hier habe ich alleine oder mit meiner großen Tochter gebastelt und es ist völlig in Ordnung, wenn deine Bastel- und Backwerke anders aussehen als bei uns. Schließlich haben wir alle unsere eigene gestalterische Sprache.

Ich wünsche dir nun von ganzem Herzen viel Spaß mit meinem Buch, schöne gemeinsame Bastelstunden mit Glitzerkleber an den Fingern, Schokoladenflecken auf dem Pulli, mit mehlbedecktem Küchenfußboden und ganz vielen leuchtenden Kinderaugen.

Deine Milena

Wenn im Frühling so ganz langsam die Sehnsucht nach zarten Blütenblättern in uns erwacht, wir die kalten und dunklen Wintermonate hinter uns lassen und die Sehnsucht nach den ersten Frühlingsblumen groß wird, ist es an der Zeit, sich mit frischen Farben auf die neue Jahreszeit einzustellen.

FRÜHLING

Zarte Kirschblüten aus Transparentpapier, Osterglocken aus Eierkartons, frisches Gemüse vom Markt aus Stoff für die Kinderküche. Dazu buttrige Osterkekse mit zartpastelligem Zuckerguss und köstlich feiner Zitronenkuchen.

Zarte Kirschblüten aus Papier

Wenn im Frühling draußen noch alles grau ist, basteln wir uns die leuchtend pinken Kirschblüten einfach selbst. Schön ist die Kombi aus Metallic- und Transparentpapier. An einem Ast befestigt, bringen die Blüten uns den Frühling ins Kinderzimmer.

Das brauchst du für 1 Zweig voller Blüten

1 Rolle Alubastelfolie, rosa (50 cm)
1 Rolle Transparentpapier, rosa
Schere
flüssiger starker Alleskleber
Nadel
Faden
Mini-Bügelperlen

Für die Kirschblüten jeweils einen Streifen Alubastelfolie oder Transparentpapier (50 x 10 cm) zuschneiden und wie eine Ziehharmonika von der kurzen Seite her in etwa 1 cm breite Streifen knicken und falten.

Den langen Steifen wieder ein wenig auseinanderziehen und an einer der langen Kanten mit der Schere abgerundete Spitzen aus den einzelnen Falten herausschneiden. Sie bilden später die Blütenblätter. Die Ziehharmonika wieder zusammenfalten und nun immer in je zwei Streifen Folie bzw. Papier kleine Halbkreise oder andere Formen in die einzelnen Knicke schneiden.

An einer der beiden kurzen Seiten einen Randstreifen abschneiden. Nun einen der Ränder mit Alleskleber bestreichen und mit der gegenüberliegenden kurzen Seite zu einem Kreis schließen. Die Ziehharmonika wieder zusammenfalten, das untere Ende mit Alleskleber betupfen und die Kirschblüte sternförmig auseinanderfalten.

Mit Nadel und Faden einen Aufhänger anknoten und Miniperlen einfädeln.

Kinderparty-Salzstangen mit bunten Zuckerstreuseln

Die Kinder und ich lieben die Kombi aus Salzbrezeln und Schokolade zum Knuspern. Als kleiner feiner Partysnack für die Faschingsparty haben wir uns mit diesen Riesensalzstangen und weißer Schokolade einen kleinen Knabbereien-Traum erfüllt!

Das brauchst du für ca. 20 Stück

200 g weiße Kuvertüre
1 Tüte XL-Salzstangen (125 g)
bunte Zuckerperlen
und -streusel zum Bestreuen

Die Kuvertüre hacken und in einer Schüssel über dem Wasserbad schmelzen.

Die Salzstangen zu einem Drittel in die flüssige Kuvertüre tauchen, danach mit Zuckerperlen und -streuseln bestreuen und auf ein Backpapier legen.

Die Salzstangen bei Zimmertemperatur trocknen lassen und dann servieren.

So eine zarte Tarte! Wer Ricotta bisher nur in herzhaften Gerichten kennt, sollte schleunigst dieses Rezept mit feiner Zitronennote und Blaubeeren versuchen. Die Füllung ist besonders fluffig und mit dem knusprigen Haselnuss-Mürbeteig ein echter Knaller!

Ricotta-Blaubeer-Tarte mit Zitrone

Das brauchst du für 1 Tarteform (ø 26 cm)

Teig:
225 g Dinkelmehl Type 630
plus mehr zum Arbeiten
40 g gemahlene Haselnusskerne
100 g Zucker
1 kleines Ei
115 g Butter, gewürfelt, plus mehr für die Form

Füllung:
500 g Ricotta
3 Eier
80 g Zucker
150 g Sahnequark
2 EL Vanillepuddingpulver
1 TL Vanillepaste
1 Prise Salz
Abrieb von 1 unbehandelten Zitrone

Außerdem:
100–150 g Blaubeeren
Puderzucker zum Bestauben

Für den Mürbeteig alle Zutaten in eine Rührschüssel geben und mit den Fingerspitzen oder dem Knethaken der Küchenmaschine rasch zu einem glatten Teig verarbeiten.

Den Backofen auf 170 °C Umluft vorheizen.

Den Teig auf einer mit Mehl bestaubten Arbeitsfläche ausrollen. Die Tarteform gut ausbuttern und mit dem Mürbeteig auskleiden. Den Teigboden im vorgeheizten Ofen etwa 15 Minuten blind vorbacken. Anschließend aus dem Ofen nehmen und leicht abkühlen lassen.

Für die Füllung alle Zutaten in eine Schüssel geben und mit dem Schneebesen zu einer glatten Masse verrühren. Die Füllung auf dem Mürbeteig verteilen.

Die Blaubeeren waschen, trocken tupfen und verlesen. Auf die Füllung streuen.

Die Tarte im vorgeheizten Ofen etwa 40 Minuten backen. Danach herausnehmen, in der Form vollständig abkühlen lassen, mit Puderzucker bestauben und servieren.

Osterglocken für die Kuchentafel

Eine der einfachsten Ideen für eine wunderschöne Osterdekoration, denn Eierkartons gibt es in so vielen unterschiedlichen Farben. Du kannst die Blüten auch auf einen Holzstab kleben und sie in eine Vase stellen, oder die Ostertafel damit dekorieren.

Das brauchst du für 3 Osterglocken

1 Eierkarton für 10 Eier
Schere
flüssiger starker Alleskleber
Krepppapier

Aus der Unterseite des Eierkartons drei Spitzen herausschneiden. Aus den runden Mulden für die Eier jeweils drei einzelne Blütenblätter ausschneiden. Dabei darauf achten, dass mit jedem Blütenblatt auch etwas vom Boden der Mulden mit abgeschnitten wird, damit am unteren Ende etwas Karton zum Aneinanderkleben der Blätter zur Verfügung steht. Jeweils sechs Blütenblätter aufeinanderkleben und gut festdrücken.

Die ausgeschnittenen Spitzen an ihrem schmalen Ende viermal einschneiden, die dünnen Streifen nach außen umknicken, mit dem Kleber bestreichen und in den Blütenkelch in der Mitte der Blütenblätter einkleben.

Für die Blütenstempel aus dem restlichen Eierkarton pro Blüte einen Streifen (3 x 5 cm) ausschneiden, diesen fünfmal einschneiden, aufrollen und in den Blütenkelch einkleben.

Für die zarten, äußeren Blütenblätter sechs Blätter aus Krepppapier ausschneiden und das Papier mit den Fingern etwas auseinanderziehen, damit es sich leicht wölbt. Diese Blätter außen an die Osterglocke kleben oder alle zusammen mit einer Stecknadel von unten an der Osterglocke befestigen.

Oster-Butterkekse mit bunter Glasur

Warum sollten wir eigentlich nur zu Weihnachten und nicht auch zu Ostern schöne Kekse backen? Das haben wir uns lange gefragt und seit einigen Jahren ist die Osterbäckerei nun fester Bestandteil in unseren festlichen Vorbereitungen. Mit kleineren Kindern bietet es sich an, die Kekse an einem Tag zu backen und sie am nächsten Tag zu verzieren.

Das brauchst du für ca. 40 Kekse

Teig:
300 g Dinkelmehl Type 630
plus mehr zum Arbeiten
100 g Zucker
170 g kalte Butter
1 Ei
1 Prise Salz

Glasur:
35 ml Zitronensaft
200 g Puderzucker
Lebensmittelfarbe, verschiedene Farben

Für den Teig das Mehl und den Zucker in die Schüssel der Küchenmaschine geben. Die Butter würfeln und mit dem Ei und den restlichen Zutaten vermengen. Alles mit dem Knethaken der Küchenmaschine rasch zu einem krümeligen Teig kneten. Den Teig mit den Händen zu einer Kugel formen und in Klarsichtfolie gewickelt für mindestens 30 Minuten in den Kühlschrank stellen.

Den Backofen auf 170 °C Umluft vorheizen und ein Backblech mit Backpapier auslegen.

Anschließend den Teig auf einer mit Mehl bestaubten Arbeitsfläche ausrollen. Aus dem Teig frühlingshafte Figuren als Kekse ausstechen. Die Kekse auf das Backblech setzen und im vorgeheizten Ofen in etwa 8–12 Minuten hellbraun backen. Dann herausnehmen und abkühlen lassen.

Für die Glasur den Zitronensaft und den Puderzucker mit einem Löffel zu einer dicken Glasur verrühren. Die Mischung mit Lebensmittelfarbe einfärben.

Die Glasur mit einem Pinsel auf die Kekse geben. Gut trocknen lassen und die Kekse dann servieren.

Hühner aus Transparentpapier

Hühner, Vögel, kleine Küken: Aus drei unterschiedlich großen Kreisen haben wir diese niedlichen kleinen Anhänger für den Frühlingsstrauß gebastelt. Du kannst sie auch aus ganz buntem Transparentpapier oder aus Tonkarton herstellen.

Das brauchst du für 1 Huhn

1 Bogen dickes DIN-A4-Transparentpapier (auch Architektenpapier genannt), weiß
Schere
Klebestift
1 Blatt Transparentpapier, farbig
Nadel
Draht oder Garn
Folienstift

Aus dem weißen Transparentpapier jeweils einen Kreis mit dem Durchmesser 7, 6 beziehungsweise 4 cm ausschneiden und mit dem Klebestift alle drei Kreise in der Mitte aufeinanderkleben.

Für den Schnabel und den Federschwanz aus bunten und weißem Transparentpapier jeweils einen Streifen von 3 x 12 cm schneiden und auf die Unterseite des Kreises kleben. Dann den Kreis in der Mitte knicken und mit einer Schere den Schnabel und den Federschwanz zurechtschneiden.

Für den Aufhänger mit einer Nadel ein Loch in die Mitte des Kreises piksen und einen Draht oder Garn zu einer Schlaufe einfädeln. Mit dem Folienstift auf beiden Seiten des Huhns ein Auge aufmalen.

Karotten-Marmorkuchen mit Frischkäse-Frosting

Ich konnte mich nicht entscheiden und habe einfach zwei Rezepte miteinander gemixt: einen klassischen Marmorkuchen und eine nussige Rüblitorte! Die geraspelten Karotten machen den Kuchen unglaublich saftig, hier krümelt nichts. Und das Frosting ist super cremig, ein Traum auch auf jedem anderen Kuchen.

Das brauchst du für
1 Frankfurter-Kranz-Form (ø 26 cm)

Teig:
250 g weiche Butter
plus mehr für die Form
4 Eier
250 g Rohrohrzucker
200 g Dinkelmehl Type 1050
2 TL Backpulver
200 g gemahlene Haselnusskerne
230 g Karotten, geraspelt
40 g Schokoraspel
2 EL Kakaopulver

Frosting:
300 g Frischkäse
50 g süße Sahne
4 EL Puderzucker

Außerdem:
französische Zuckermandeln und Zuckerstreusel zum Dekorieren

Den Backofen auf 180 °C Umluft vorheizen und die Frankfurter-Kranz-Backform gut ausbuttern.

Für den Teig Eier, Butter und Zucker in der Küchenmaschine oder mit dem Handrührgerät cremig aufschlagen. Mehl, Backpulver und Haselnüsse hinzufügen und alles gut zu einem Teig vermengen. Von den geraspelten Karotten einige für die Dekoration beiseitestellen. Die übrigen Karotten von Hand mit einem Teigschaber unter den Teig heben.

Zwei Drittel des Teiges in der Backform verteilen. Schokoraspel, Kakaopulver und 2 EL Wasser zum restlichen Teig hinzufügen und mit einem Löffel gut vermengen. Dann die Schokoteigmischung ebenfalls in die Backform geben. Mit einer Gabel beide Teigschichten ineinander verdrehen.

Den Kuchen im vorgeheizten Ofen etwa 30–40 Minuten backen (Stäbchentestprobe machen). Anschließend herausnehmen und vollständig abkühlen lassen.

Für das Frosting alle Zutaten in einem hohen Rührbecher auf höchster Stufe sehr kurz cremig aufschlagen. Dann das Frosting auf den Kuchen geben.

Den Kuchen mit französischen Mandeln, Zuckerstreuseln und den beiseitegestellten Karottenraspeln dekorieren und servieren.

Himbeer-Vanille-Tarte mit Mandeln

Der beste Vanille-Butterkeksteig, eine zarte Füllung und fruchtige Himbeeren: eine perfekte Kombination aus knusprig, cremig und fruchtig! Natürlich kann die Tarte nicht nur im Frühling, sondern mit gefrorenen Früchten auch das ganze Jahr über gebacken werden. Die Teigmenge ist sehr großzügig bemessen und du kannst den restlichen Teig noch für Butterkekse verwenden oder ihn bis zur nächsten Tarte einfach einfrieren.

Das brauchst du für 1 Tarteform (ø 20 cm) mit Hebeboden

Teig:
300 g Dinkelmehl Type 630
plus mehr zum Arbeiten
100 g Zucker
170 g kalte Butter, gewürfelt, plus mehr für die Form
1 Ei
2 Prisen Salz
1 EL Vanillepaste

Füllung:
100 g süße Sahne
2 Eier
1 EL Vanillepuddingpulver
2 EL Puderzucker

Außerdem:
320 g Himbeeren
1 EL gemahlene Mandelkerne

Für den Mürbeteig alle Zutaten in eine Rührschüssel geben und mit den Fingerspitzen oder dem Knethaken der Küchenmaschine rasch zu einem krümeligen Teig verarbeiten. Den Teig mit den Händen zu einer Kugel formen und in Klarsichtfolie gewickelt für mindestens 30 Minuten in den Kühlschrank stellen.

Den Backofen auf 170 °C Umluft vorheizen und die Tarteform ausbuttern.

Die Himbeeren verlesen.

Für die Füllung alle Zutaten in eine Rührschüssel geben und mit dem Schneebesen vermengen, dabei nicht schaumig schlagen.

Den Mürbeteig auf einer mit Mehl bestaubten Arbeitsfläche ausrollen und dann in die Form legen, dabei Teigränder überstehen lassen. Die Teigränder mit einem Messer abschneiden und daraus für die Dekoration Rauten ausstechen oder die abgeschnittenen Teigränder mit einem Messer in kleine Stücke zerteilen.

Die gemahlenen Mandeln auf den Teigboden streuen und die Füllung daraufgeben. Die Himbeeren auf der Füllung verteilen und etwas glatt streichen. Zuletzt die Tarte mit den Teigrauten oder -stücken belegen, dabei bei einem geometrischen Muster am besten immer in der Mitte beginnen.

Die Tarte im vorgeheizten Ofen etwa 40 Minuten backen. Anschließend herausnehmen und vor dem Servieren in der Form vollständig abkühlen lassen.

Kaufladen und Kinderküche: Die Kinder lieben es, mir frisches Gemüse aus ihrem kleinen Hofladen im Kinderzimmer zu verkaufen. Und es ist so einfach, aus Holzperlen selbst einige Zutaten für eine Erbsensuppe, einen Kirschkuchen und einen Radieschensalat mit Zwiebeln zu basteln.

Frisches Gartengemüse aus Holzperlen

Das brauchst du für das Gemüse allgemein

Pinsel
Aquarellfarbe,
grün, rot, schwarz, ocker, hellbraun
Holzstäbchen
Schere
Nadel
Nähgarn
Häkelnadel

Lauch:
Stoffreste, verschiedene Grüntöne, weiß, grau
Stoffreste aus gestricktem Stoff, beige
Stickgarn, beige
Füllwatte

Für den Lauch aus verschiedenen grünen und beigen Stoffstreifen von je etwa 3 x 20 cm Lauchblätter nähen. Den Stoff rechts auf rechts verstürzen, wenden und auf einer kurzen Seite von Hand zunähen.

Für den weißen Stielteil einen Stoffstreifen von etwa 9 x 13 cm verstürzen und auf der unteren Seite ein kleines Stück gestrickten Stoff annähen. Mit beigefarbenem Stickgarn Wurzelfäden anknoten und flechten.

Etwa fünf Lauchblätter übereinanderlegen und zusammenheften. Den Stiel mit Füllwatte ausstopfen und die Blätter hineinstecken. Von Hand rundherum festnähen.

Erbsen:
Holzperlen (ø 1 cm)
Stickgarn, grün und hellbraun

Für die Erbsen jeweils fünf Holzperlen mithilfe des Pinsels mit grüner Aquarellfarbe bemalen und trocknen lassen (das geht am besten, wenn die Perlen auf ein Holzstäbchen aufgesteckt sind).

Drei Fäden Stickgarn von jeweils 30 cm Länge zuschneiden, an einer Seite verknoten und zusammenflechten. Das offene Ende in eine Nadel einfädeln und die Holzperlen auffädeln. An das untere Ende hinter die letzte Perle einen Knoten setzen und die Garn-Enden mit einer Schlaufe zurück in die letzte Holzperle fädeln, sodass das Ende darin versteckt ist.

Kirschen:
Holzperlen (ø 1,5 cm)
Stickgarn, rosa und hellbraun

Für die Kirschen jeweils zwei Holzperlen auf ein Holzstäbchen aufstecken, mit roter Aquarellfarbe bemalen und trocknen lassen.

Für eine Doppelkirsche zwei Fäden rosafarbenes und einen Faden braunes Stickgarn von je 60 cm Länge zurechtschneiden, verknoten und flechten. Das untere offene Ende in eine Nadel fädeln. Die Perlen in das geflochtene Band fädeln und das Ende verknoten. Jeweils eine Kugel an eine Seite schieben und in der Mitte eine Schlaufe knoten.

Radieschen:
Holzperlen (ø 2cm)
Baumwoll-Häkelgarn,
hellgrün und weiß

Für die Radieschen jeweils zwei Holzkugeln mit roter und schwarzer Aquarellfarbe bemalen und trocknen lassen.

Mit dem Baumwollgarn und der Häkelnadel aus festen Maschen eine Reihe von ca. 20 Maschen häkeln. Auf einer Seite durch Vor- und Zurückhäkeln ein Blatt formen. Das untere Ende des Stiels durch das Loch der Kugel ziehen und auf beiden Seiten der Holzperle einen Knoten setzen. An der unteren Seite die Fäden unterschiedlich lang abschneiden.

Zwiebel:
Holzkugel (ø ca. 4 cm) mit Loch
Stoffband, beige (60 cm)
Stickgarn, beige

Für die Zwiebel die Holzkugel mit Aquarellfarbe in Ocker und Hellbraun bemalen und trocknen lassen.

Das Stoffband in drei unterschiedlich lange Streifen schneiden (15, 20 und 25 cm) und alle gemeinsam durch das Loch der Kugel fädeln. Mit dem beigefarbenen Stickgarn die Bänder auf der unteren Seite verknoten. Die Enden des Stickgarns in unterschiedlichen Längen abschneiden, damit sie wie kleine Wurzelfäden aussehen.

Zitronenkuchen

Das ist einer von unseren drei liebsten Geburtstagskuchen. Er schmeckt natürlich zu jeder Jahreszeit oder auch mit Orangen und bunten Zuckerstreuseln garniert. Kurkuma macht ihn wunderschön gelb und der Kuchen lässt sich sehr gut schon ein, zwei Tage vorher zubereiten. Das Schnittmuster ist einfacher, als du denkst, versuch es doch mal!
Für den Extra-Zitronenkick raspele noch zusätzlich Zitronenschale in die Glasur.

Das brauchst du für 1 Tarteform (ø 32 cm)

Teig:
380 g weiche Butter
360 g Rohrzucker
1 Päckchen Vanillezucker
6 Eier
380 g Dinkelmehl Type 1050
1 1/2 TL Backpulver
1/2 TL Kurkumapulver
1/3 TL Salz
Abrieb und Saft von 2 unbehandelten Zitronen

Glasur:
200 g Puderzucker
35 ml Zitronensaft
Außerdem:
1 Zitrone, in Scheiben geschnitten und geachtelt (optional)

Den Backofen auf 180 °C Umluft vorheizen und die Tarteform mit Backpapier auslegen.

Für den Teig die Butter mit dem Zucker und dem Vanillezucker in der Küchenmaschine oder mit dem Handmixer sehr cremig aufschlagen. Nach und nach die Eier dazugeben und sehr cremig aufschlagen. Mehl, Backpulver, Kurkuma, Salz und den Abrieb der Zitronen vermischen. Dann mit dem Zitronensaft in den Teig einrühren.

Den Teig in der Form verteilen. Den Kuchen im vorgeheizten Ofen etwa 35–45 Minuten backen (Stäbchenprobe machen). Danach herausnehmen und abkühlen lassen.

Für die Glasur den Puderzucker und den Zitronensaft glatt rühren. Die Mischung auf den Kuchen geben und bei Zimmertemperatur fest werden lassen. Anschließend den Kuchen in Rauten schneiden, nach Belieben mit Zitronenscheibchen dekorieren und servieren.

Dinkelvollkorn-Laugen-Bagels

Ziemlich oft stellen wir am Sonntagnachmittag hungrig fest, dass wir kein Brot mehr haben. Äußerst unpraktisch, wollen am nächsten Morgen ja auch zwei Brotboxen für Schule und Kita gefüllt werden. Da sind diese Bagels die Rettung: Sie sind einfach gemacht und unsere Kids lieben es, die Teigkringel mit der Schaumkelle in das Wasser zu schubsen, denn ganz anders als beim normalen Brotbacken üblich, muss der Teig zuerst im Laugenbad gekocht werden.

Das brauchst du für 10 Bagels

Teig:
1/2 Würfel frische Hefe
600 g Dinkelvollkornmehl plus mehr zum Arbeiten
90 g weiche Butter
1 TL Salz
1 TL Zucker

Außerdem:
50 g Natron
Aufstreusalz zum Bestreuen

Für den Teig die Hefe in eine große Rührschüssel bröseln. Etwa 320 ml lauwarmes Wasser dazugeben und mit einem Schneebesen rühren, bis die Hefe aufgelöst ist. Mehl, Butter, Salz und Zucker hinzufügen und alles mit dem Knethaken oder den Händen kräftig zu einem geschmeidigen Teig kneten. Den Teig abgedeckt etwa 1 Stunde ruhen lassen.

Den Teig nochmals gut durchkneten. Dann mit den Händen daraus kleine Bagel-Kringel formen und diese auf einer mit Mehl bestaubten Arbeitsfläche nochmals 15 Minuten aufgehen lassen.

Den Backofen auf 200 °C Umluft vorheizen und ein Backblech mit Backpapier auslegen.

Wasser in einem sehr großen Topf zum Kochen bringen. Das Natron einstreuen. Vorsicht, das schäumt!
Die Bagel-Kringel mit einer Schaumkelle ins Wasser gleiten lassen und von beiden Seiten jeweils etwa 3 Minuten sieden lassen. Dann die Bagels mit der Schaumkelle herausnehmen und auf das Backpapier legen.

Die Bagels mit Aufstreusalz bestreuen und im vorgeheizten Ofen etwa 15–20 Minuten backen. Anschließend herausnehmen, abkühlen lassen und, beliebig belegt, servieren.

Marmor-Ostereier

Wir lieben den Marmoreffekt. Die Eier benötigen etwas Zeit, werden aber umso schöner und sind in der Osterzeit ein echter Klassiker bei uns zu Hause. Für die Kinder ist es super spannend zu sehen, wie sich das Wachs über der Kerze wieder verflüssigt und sich die verschiedenen Farben miteinander mischen.

Das brauchst du für viele bunte Eier

dicker Karton
1 Kerze in einem stabilen Kerzenständer
Wachsmalstifte mit reinem Bienenwachs, mehrere Farben
ausgepustete Eier, weiß
Holzspieße
Drahtaufhänger für Kugeln
Faden

Die Arbeitsfläche mit einem dicken Karton als Unterlage auslegen. Die Kerze im Ständer auf der Unterlage entzünden. Dabei bitte beachten: Kinder sollten bei den Arbeitsschritten mit offener Flamme unbedingt von einem Erwachsenen begleitet werden!

Die Wachsmalstifte so nah an die Flamme halten, dass das Wachs schmilzt und weich wird, aber nicht tropft. Jeweils mit einem weichen Wachsmalstift wild auf das Ei malen, bis nur noch wenige Stellen der Eierschale sichtbar sind.

Das Ei auf einen Holzspieß aufstecken und mit viel Abstand über die Flamme der Kerze halten. Sobald das Wachs auf dem Ei anfängt, flüssig zu werden, das Ei in alle Richtungen drehen, damit sich die Farben gut ineinander mischen und so lange weiterdrehen, bis das Wachs wieder fest ist.

Die Aufhänger aus Draht vorsichtig in die Öffnung der Eier klipsen und einen Faden als Schlaufe einfädeln.

Die Entdeckung dieses Kuchens war so ein Glück für mich. Wir daheim und so viele Leser:innen backen diesen Kuchen nun Jahr für Jahr und ich bemerke immer wieder, wie gut dieses Rezept ist. Es vereint nämlich den sehr buttrigen Mürbeteig so gut mit dem saftigen Sahneguss, dem säuerlichen Rhabarber und natürlich den knusprigen, karamellisierten Mandeln als Topping am Rand. Ein Gedicht für die eigentlich viel zu kurze Rhabarbersaison.

Rhabarber-Musterkuchen

Das brauchst du für 1 flache Tarteform (ø 26 cm)

Teig:
300 g Dinkelmehl Type 1050
plus mehr zum Arbeiten
100 g Rohrzucker
1 Ei
160 g Butter, gewürfelt, plus mehr für die Form
2 Prisen Salz

Florentiner Mandeln:
125 g Mandelblättchen
30 g Butter
3 EL süße Sahne
60 g Rohrzucker

Guss:
100 g süße Sahne
2 Eier
1 EL Vanillepuddingpulver
2 EL Puderzucker

Außerdem:
ca. 600 g Rhabarber, gewaschen und ungeschält

Für den Mürbeteig alle Zutaten in eine Rührschüssel geben und mit den Fingerspitzen oder dem Knethaken der Küchenmaschine rasch zu einem glatten Teig verarbeiten.

Die Tarteform ausbuttern. Den Mürbeteig auf einer mit Mehl bestaubten Arbeitsfläche ausrollen, in die Form legen und den Rand gut andrücken. Überstehende Teigränder mit einem Messer abschneiden.

Den Rhabarber waschen, trocken tupfen und in Rauten schneiden. Die Rauten auf dem Mürbeteigboden auslegen.

Den Backofen auf 170 °C Umluft vorheizen.

Für die Florentiner Mandeln alle Zutaten in einem Topf kurz aufkochen und beiseitestellen.

Für den Guss alle Zutaten mit dem Schneebesen vermischen. Dann den Guss vorsichtig über den Rhabarber in die Backform gießen.

Den Rhabarberkuchen im vorgeheizten Ofen 10 Minuten backen. Anschließend herausnehmen und die Florentiner Mandeln mit einem Löffel auf dem Rand verteilen. Den Kuchen weitere 20–25 Minuten backen. Danach herausnehmen, in der Form abkühlen lassen und servieren.

1. Die Tarteform einfetten.

2. Den Teig auf Backpapier ausrollen ...

3. ... und mit dem Backpapier nach oben in die Form legen.

4. Den Teig festdrücken und die überstehenden Kanten abschneiden.

5. Den Rhabarber in Rauten schneiden ...

6. ... und auf dem Teig auslegen.

7. Den Guss auf dem Rhabarber verteilen.

8. Die Florentiner Mandeln nach kurzer Backzeit auf den Tarterand geben.

Ofenpfannkuchen

Unsere Kinder lieben Pfannkuchen und würden sie am liebsten jeden Tag essen. Für vier Familienmitglieder Pfannkuchen auszubacken, übersteigt aber an vielen Tagen mein Zeitmanagement. Da liebe ich die Idee, den gesamten Teig einfach in eine Auflaufform zu geben, und ohne mein Zutun wird daraus ein großer, fluffiger Pfannkuchen – der übrigens auch wunderbar mit Beeren, Steinobst und Nüssen schmeckt.

Das brauchst du für 1 Auflaufform

Teig:
3 Eier
250 g Dinkelmehl Type 630
50 g Puderzucker
1 Päckchen Vanillezucker
350 ml Milch

Außerdem:
1 TL Butter
ca. 200 g TK-Himbeeren
2 EL gehobelte Mandelkerne
Puderzucker zum Bestauben

Den Backofen auf 160 °C Umluft vorheizen und eine Auflaufform ausbuttern.

Für den Teig die Eier trennen und das Eiweiß sehr steif schlagen. Mehl, Eigelb, Puderzucker, Vanillezucker und Milch in einer Schüssel mit dem Schneebesen vermengen. Zuletzt das Eiweiß unterheben.

Den Teig in die Auflaufform füllen. Mit den Himbeeren und Mandeln bestreuen.

Den Ofenpfannkuchen im vorgeheizten Ofen etwa 25–30 Minuten backen. Anschließend herausnehmen, mit Puderzucker bestauben und lauwarm servieren.

Omi Karinas Dinkelvollkorn-Käsegebäck

Seit gefühlt 37 Jahren macht meine Mama dieses Käsegebäck für einen Basar in ihrem kleinen Dorf. Dort ist es meist sehr schnell ausverkauft, denn es ist eine richtige Wohltat, neben all den süßen Sachen auch etwas Herzhaftes genießen zu können. Das Rezept ist kinderleicht zubereitet, es ist wie Plätzchenbacken in salzig. Die Knabberei würde sich durchaus mehrere Wochen in einer Dose verpackt frisch halten, aber glaub mir, so weit wird es nicht kommen, sie ist einfach zu lecker und daher immer gleich weg!

Das brauchst du für 2 Backbleche

Teig:
250 g kalte Butter, gewürfelt
150 g geriebener Cheddar
100 g geriebener Gouda
160 g süße Sahne
1/2 TL Backpulver
410 g Dinkelvollkornmehl
plus mehr zum Arbeiten
1 TL Salz
1 TL Paprikapulver edelsüß
schwarzer Pfeffer aus der Mühle
1 Msp. geriebene Muskatnuss

Außerdem:
etwa 3 EL Milch
Kerne und Samen zum Bestreuen
(Sesamsamen, Mohnsamen, Kümmelsamen, Kürbiskerne, Sonnenblumenkerne)

Für den Teig alle Zutaten in eine Rührschüssel geben. Mit den Händen zu einem Teig verkneten und diesen für 30 Minuten in den Kühlschrank stellen.

Den Backofen auf 180 °C Umluft vorheizen und ein Backblech mit Backpapier auslegen.

Anschließend die Arbeitsfläche mit Mehl bestauben und den Teig darauf etwa 0,5 cm dick ausrollen. Mit Plätzchenformen daraus kleine Formen ausstechen und auf das Backpapier legen.

Die Teiglinge mit der Milch einpinseln und mit Kernen sowie Saaten bestreuen. Das Käsegebäck im vorgeheizten Ofen in etwa 12–15 Minuten goldbraun backen. Dann herausnehmen, abkühlen lassen und servieren.

Käsekuchen

Das ist unser allerliebster Geburtstagskuchen. Es gab Zeiten, da haben sich die Kinder aufgeteilt, eines hat nur den Teigrand gegessen, das andere nur die Füllung. Mittlerweile essen beide Kinder alle Bestandteile des Käsekuchens und streiten sich zuverlässig um das letzte Stück. Und da sie sozusagen mit Kuchenbacken aufgewachsen sind, können mir beide im Schlaf aufsagen, welche Zutaten in unser Rezept kommen.

Das brauchst du für 1 Springform (ø 24 cm)

Teig:
300 g Dinkelmehl Type 1050
plus mehr zum Arbeiten
100 g Rohrzucker
160 g kalte Butter, gewürfelt, plus mehr für die Form
1 Ei
1 Prise Salz

Füllung:
750 g Magerquark
300 g Frischkäse
240 g Zucker
1 Prise Salz
6 Eier
50 g flüssige Butter
60 g Vanillepuddingpulver

Für den Teig alle Zutaten in eine Schüssel geben. Mit dem Knethaken der Küchenmaschine rasch zu einem krümeligen Teig verkneten. Den Teig zu einer Kugel formen und in Klarsichtfolie gewickelt für mindestens 30 Minuten in den Kühlschrank stellen.

Den Backofen auf 170 °C Umluft vorheizen. Die Springform ausbuttern.

Den Teig auf einer mit Mehl bestaubten Arbeitsfläche ausrollen und dann in die Form geben. Überstehende Teigränder mit einem Messer oder einem Teigrädchen abschneiden.

Für die Füllung alle Zutaten in einer Rührschüssel mit dem Schneebesen von Hand glatt rühren. Die Füllung auf den Teig in die Form geben.

Den Kuchen im vorgeheizten Ofen etwa 40 Minuten backen. Anschließend herausnehmen und vor dem Servieren in der Form abkühlen lassen.

Tierparade aus Hefeteig

Die Kinder lieben Tiere aus Hefeteig, am besten noch lauwarm aus dem Ofen. Besonders Kindergartenkinder können hier auch bei der Herstellung des Teiges helfen, kneten und formen. Und sollte mal etwas dazwischenkommen und man keine Zeit mehr zum Backen haben, kann der Teig in einer Schüssel mit Deckel über Nacht im Kühlschrank ruhen und am nächsten Tag in den Ofen wandern.

Das brauchst du für ca. 15 Tierchen

Teig:
1/2 Würfel frische Hefe
50 g weiche Butter
500 g Weizenmehl Type 405
150 g Rohrzucker
200 ml Milch
1 Ei

Eistreiche:
1 Eigelb
4 EL Milch

Glasur:
100 g Puderzucker
17 ml Zitronensaft

Für den Teig die Hefe mit den Fingern zerbröseln und in einem kleinen Schälchen in 1 EL Wasser auflösen. Die Butter würfeln. Mehl, Rohrzucker und Butter in eine Rührschüssel geben. Die aufgelöste Hefe, die Milch und das Ei hinzufügen. Alles mit den Händen oder dem Knethaken der Küchenmaschine kräftig zu einem geschmeidigen Hefeteig kneten. Den Teig abgedeckt etwa 30 Minuten aufgehen lassen.

Ein Backblech mit Backpapier auslegen. Den Backofen auf 170 °C Umluft vorheizen.

Aus dem Teig mit den Händen kleine Hasen und nach Belieben andere Figuren und Tiere formen und auf das Backpapier legen.

Für die Eistreiche das Eigelb und die Milch mit einer Gabel verquirlen. Die Teigfiguren mit der Mischung bestreichen und im vorgeheizten Ofen etwa 12–18 Minuten backen. Anschließend herausnehmen und abkühlen lassen.

Für die Glasur den Puderzucker und den Zitronensaft glatt rühren. Die Glasur in einen Spritzbeutel füllen, die Tierchen damit verzieren und servieren.

Zwiebelschalen-Ostereier

Seit meiner Kindheit färbt meine Mama unsere Ostereier ausnahmslos nur mit Zwiebelschalen. Jedes Ei sieht dabei anders aus und die Farbe variiert in den schönsten warmen Nuancen. Dabei braucht man gar nicht besonders viele Schalen für einen intensiven Ton.
Und nein, die Eier schmecken keinesfalls nach Zwiebeln, versprochen!

Das brauchst du für ca. 10 Eier

2 Handvoll Zwiebelschalen
(von hellen oder roten Zwiebeln)
10 frische Bio-Eier oder ausgepustete Eierschalen

Die Zwiebelschalen in einen Topf geben und mit kaltem Wasser übergießen. Die Mischung langsam aufkochen lassen.

Für die frischen Eier: Die Eier in das kochende Zwiebelwasser geben und in 10 Minuten gar kochen. Die Eier sollten dabei vom Sud bedeckt sein, bei Bedarf noch etwas mehr Wasser hinzufügen. Nach der Garzeit die Eier herausnehmen und kurz unter kaltem Wasser abschrecken.

Für die ausgepusteten Eier: Zum Färben der ausgepusteten Eier sollte der Sud nicht mehr kochen. Für den Ombre-Look die Eier unterschiedlich lange in den Sud geben, sie sollten dabei komplett damit bedeckt sind. Anschließend das Wasser aus den Eiern wieder zurück in den Topf fließen lassen. Zuletzt die Eier auf Küchenpapier trocknen lassen.

Schokoladen-Babka

Meine Liebe zu geometrischen Kuchen lässt sich auch an diesem geflochtenen Hefekuchen unschwer erkennen. Die Füllung enthält gesalzene Nüsse, das macht den Kuchen besonders köstlich. Ganz frisch schmeckt Gebäck aus Hefeteig natürlich immer am besten.

Das brauchst du für 1 Babka in der Springform (ø 26 cm)

Teig:
1/2 Würfel frische Hefe
80 g Butter
500 g Dinkelmehl Type 1050 plus mehr zum Arbeiten
100 g Zucker
1 Prise Salz
200 ml Milch
1 Ei

Füllung:
150 g gesalzene Macadamiakerne
100 g weiche Butter
100 g Zucker
40 g Kakaopulver

Eistreiche:
1 Eigelb
4 EL Milch

Für den Teig die Hefe mit den Fingern zerbröseln und in einem kleinen Schälchen in 1 EL Wasser auflösen. Die Butter würfeln und zusammen mit dem Mehl, dem Zucker und dem Salz in eine Rührschüssel geben. Die aufgelöste Hefe, die Milch und das Ei hinzufügen. Alles mit den Händen oder dem Knethaken der Küchenmaschine kräftig zu einem geschmeidigen Hefeteig kneten. Den Teig abgedeckt etwa 30 Minuten aufgehen lassen.

Ein Springform mit Backpapier auslegen. Den Backofen auf 170 °C Umluft vorheizen.

Für die Füllung alle Zutaten mithilfe von Mixer oder Küchenmaschine zu einer glatten Masse verarbeiten.

Den Hefeteig auf einer bemehlten Arbeitsfläche etwa 0,5 cm dick zu einem Rechteck (80 x 30 cm) ausrollen und mit der Füllung bestreichen. Den Teig von der langen Kante her einrollen. Mit einem scharfen Messer die Teigrolle in zwei Hälften teilen und beide Rollen jeweils der Länge nach durchschneiden.

Nun darauf achten, dass die offenen Seiten immer mit den Schnittkanten, also mit der Füllung nach oben liegen. Die vier Teigstränge zu einem Kreuz legen. Dazu zwei Teigstränge parallel zueinander auf die Arbeitsfläche legen. Die beiden übrigen Stränge wie zu einem Kreuz darauflegen und so in die ersten beiden einflechten, dass in der Mitte kein Loch entsteht. Die Stränge sollen schön eng aneinanderliegen. Nun zunächst alle vier rechten Stränge über alle vier linken Stränge legen und dann alle vier linken über alle vier rechten Stränge legen. Die Teigenden unter dem Kuchen verstecken und diesen in die Form setzen.

Für die Eistreiche das Eigelb und die Milch mit einer Gabel verquirlen, die Babka damit bestreichen und im vorgeheizten Ofen etwa 30–40 Minuten goldbraun backen. Anschließend herausnehmen und abkühlen lassen.

Im Frühsommer, wenn endlich die ersten Erdbeeren reif sind, backe ich natürlich als Erstes meinen Erdbeerkuchen mit Biskuitboden, Sahne und süßen Erdbeeren – für das eine Kind eben ohne Sahne, für das andere eben ohne Erdbeeren, wir sind da flexibel. Die Kinder lieben außerdem eine dicke Scheibe Marmorkuchen und aus Modelliermasse basteln wir kleine Vogelschälchen.

SOMMER

Wenn dann alles so richtig in voller Blüte steht, versuche ich immer gleich, Blütenblätter zum Trocknen zu ernten. Damit kann man dann am Ende des Sommers tolle Sachen basteln.

Frozen-Joghurt-Bites mit Sommerbeeren

Dieser sommerliche Snack ist meine Entdeckung des letzten Sommers. Weil er so unkompliziert daherkommt, haben wir die Bites, also die kleinen Bruchstücke, jetzt immer im Eisfach vorrätig. Und die Möglichkeiten für leckere Varianten zum Bestreuen beziehungsweise Belegen sind schier unendlich!

Das brauchst du für 1 Teller

Frozen Joghurt:
500 g griechischer Joghurt
4 EL Ahornsirup

Außerdem:
50 g Blaubeeren
50 g Himbeeren
50 g Johannisbeeren
50 g gehackte Pistazien

Für den Frozen Joghurt den Joghurt mit dem Ahornsirup verrühren. Die Masse auf ein Backpapier geben.

Alle Beeren waschen, trocken tupfen und verlesen. Die Joghurtmasse damit und mit den Pistazien bestreuen.

Das Backpapier mit der bestreuten Joghurtmischung auf einen Teller ziehen und alles für 1 Tag ins Gefrierfach stellen.

Anschließend den bestreuten Frozen Joghurt in Stücke brechen und am besten direkt wegsnacken.

Dinkel-Marmorkuchen

Ein absoluter Klassiker, den meine Kinder viele Jahre nicht so richtig mochten, weil der Kuchen immer zu krümelig war. An diesem Rezept habe ich lange getüftelt und den Kuchen in einer Kastenform gebacken – in dicke Scheiben geschnitten schmeckt er uns wirklich am besten. Wer wegen der Buttermenge Bedenken hat: Ja, es ist viel drin, aber so ist's einfach am leckersten.

Das brauchst du für 1 Kastenform (30 x 11 cm)

Teig:
310 g weiche Butter
plus mehr für die Form
310 g Dinkelmehl Type 1050
plus mehr für die Form
300 g Zucker
5 Eier
1 TL Backpulver
1 Prise Salz
1 EL Kakaopulver

Guss:
200 g Zartbitterkuvertüre

Den Backofen auf 170 °C Umluft vorheizen. Die Kastenform ausbuttern und mit Mehl ausstauben, überschüssiges Mehl wieder gut herausklopfen.

Für den Teig den Zucker und die Butter in der Küchenmaschine oder mit dem Handrührgerät cremig aufschlagen. Die Eier dazugeben und nochmals alles gut verrühren. Mehl, Backpulver und Salz mischen und hinzufügen. Alles gut zu einem Teig vermengen.

Zwei Drittel des Teiges in die Backform geben. Das Kakaopulver und 1 EL Wasser zum restlichen Teig geben und so lange verrühren, bis sich der Kakao vollständig aufgelöst hat. Den dunklen Teig in die Form geben und den Teig mit einer Gabel durchziehen.

Den Kuchen im vorgeheizten Ofen etwa 30–40 Minuten backen. Dann herausnehmen und lauwarm aus der Form stürzen. Anschließend abkühlen lassen.

Für den Guss die Kuvertüre grob hacken und im Wasserbad schmelzen. Den Guss auf den Kuchen geben, fest werden lassen und dann den Kuchen servieren.

Buntstiftkuchen zur Einschulung

Seit dem letzten Sommer haben wir ein Schulkind, alles ist daher anders und es ist ein großes Abenteuer für uns als Familie. Diese Buntstifte habe ich sowohl zum Abschiedsfest in der Kita als auch zur Einschulungsparty bei uns im Hinterhof gebacken. Die Kinder lieben sie einfach, vor allem natürlich die sauren Schlangen obendrauf.

Das brauchst du für 2 Buntstiftkuchen

Teig:
320 g weiche Butter plus mehr für die Formen
1 EL helles Mehl für die Form
300 g Zucker
1 Päckchen Vanillezucker
5 Eier
300 g Dinkelmehl Type 1050
1 TL Backpulver
1 Prise Salz
1 Msp. Bourbon Vanille

Außerdem:
200 g Puderzucker
35 g Zitronensaft
saure Gummischlangen zum Belegen

Den Backofen auf 180 °C Umluft vorheizen. Zwei Kastenformen ausbuttern und mit hellem Mehl ausstauben, überschüssiges Mehl wieder gut herausklopfen.

Für den Teig die weiche Butter mit dem Zucker und dem Vanillezucker in der Küchenmaschine oder mit dem Handrührgerät cremig schlagen. Die Eier einzeln nacheinander in die Buttermischung einrühren. Mehl, Backpulver, Salz und Bourbon Vanille mischen, zur Butter-Eier-Masse geben und alles zu einem Teig vermengen.

Den Teig in die Formen füllen. Die Kuchen im vorgeheizten Ofen etwa 30–40 Minuten backen. Anschließend herausnehmen, lauwarm auf ein Kuchengitter stürzen und abkühlen lassen.

Den Puderzucker und den Zitronensaft zu einer Glasur glatt rühren. Den Kuchen auf der Oberseite glatt schneiden und umgedreht auf eine Kuchenplatte legen. Die Ecken abschneiden und den Kuchen mit der Puderzuckerglasur bestreichen.

Zuletzt saure Gummischlangen mit der Schere zurechtschneiden. Die Schlangen auf die Glasur legen und diese gut fest werden lassen. Dann den Kuchen servieren.

Pesto-Parmesan-Sonne

Sommer, Sonne, Picknick: Da muss es auch mal schnell gehen. Für diese Köstlichkeit brauchst du nur wenige Zutaten und sie ist wirklich schnell zubereitet. Außerdem kannst du die Füllung ganz nach deinen Vorlieben variieren. Außer für das Picknick im Park ist die Sonne ebenso perfekt für die Gartenparty oder, wenn die Kinder im Bett sind, für uns Eltern ganz alleine.

Das brauchst du für 1 Sonne

Teig:
2 Rollen Blätterteig aus dem Kühlregal

Füllung:
150 g Parmesan
1/2 Paprikaschote
1 Glas Pesto rosso (ca. 120 g)
schwarzer Pfeffer aus der Mühle

Eistreiche:
1 Eigelb
3 EL Milch

Beide Packungen Blätterteig entrollen. Mit einem Messer oder Pizzaroller einen möglichst großen Kreis aus jedem der beiden Teige ausschneiden. Einen der beiden Kreise auf das mit Backpapier belegte Backblech setzen.

Den Backofen auf 170 °C Umluft vorheizen.

Für die Füllung den Parmesan reiben. Die Paprika waschen, entkernen und in Würfel schneiden. Das Pesto mit dem Parmesan und den Paprikawürfeln mischen. Zuletzt mit Pfeffer würzen.

Die Füllung auf den Blätterteigkreis streichen und mit dem zweiten Kreis bedecken. Ein Glas in die Mitte des Teiges stellen. Mit einem Messer den Teig rund um das Glas in ca. 3 cm breite Streifen schneiden und mit der offenen Seite nach oben drehen. Das Glas entfernen.

Für die Eistreiche Eigelb und Milch mit einer Gabel verquirlen und die Pestosonne damit einstreichen.
Die Sonne im vorgeheizten Ofen etwa 30–35 Minuten backen. Anschließend herausnehmen, leicht abkühlen lassen und lauwarm oder kalt servieren.

Sommerblumen-Geschenkanhänger aus Naturton

Den Sommer in seinen Formen und Strukturen konservieren: eine ziemlich einfache und schöne Idee, wenn der Balkon in seiner vollen Blütenpracht steht und viele Blumen ihre ganz Blüte zeigen. Die meisten Blätter haben auf ihrer Rückseite winzig kleine Strukturen, die auf den Ton übertragen erst richtig zu sehen sind. Eine fast magische Bastelidee für die Sommerferien, auch schon für Kitakinder.

Das brauchst du für 10 Anhänger

ca. 500 g Schulton
oder lufttrocknende Modelliermasse
Teigrolle
frische Blüten, Gräser, Blätter
Plätzchenausstecher
Papierstrohhalm
Messer
Bänder, verschiedene Farben

Den Ton auf einer glatten Fläche etwa 1 cm dick ausrollen. Blüten, Gräser und Blätter auf den Ton legen und mit der Teigrolle mit sanftem Druck darüber rollen.

Dann die Blätter vorsichtig entfernen und mit Plätzchenausstechern beispielsweise Kreise und Rauten aus dem Ton ausstechen. Mit einem Papierstrohhalm jeweils ein kleines Loch für den späteren Aufhänger ausstanzen. Die Tonformen auf ein Kuchengitter legen und vollständig trocknen lassen.

Anschließend jeweils Bänder durch die Löcher einfädeln. Die Anhänger an Geschenke binden und sie damit schön verzieren.

Johannisbeerkuchen mit Mandel-Baiser

Ein kleiner Klassiker bei meiner Mama zu Hause, was vermutlich auch daran liegt, dass es in der Familie im Sommer sehr viele Sträucher voller roter Johannisbeeren abzuernten gilt. Klar schmeckt der Kuchen auch mit schwarzen oder weißen Beeren, das Beste sind sowieso die vielen zuckersüßen Baiserspitzen obendrauf.

Das brauchst du für 1 Springform (ø 26 cm)

Teig:
300 g Dinkelmehl Type 630 plus mehr zum Arbeiten
150 g kalte Butter, gewürfelt, plus mehr für die Form
120 g Zucker
1 Ei

Baiser:
5 Eiweiß
180 g Zucker
1 EL Zitronensaft

Außerdem:
420 g rote Johannisbeeren plus mehr zum Verzieren
100 g gemahlene Mandelkerne

Für den Mürbeteig alle Zutaten in eine Rührschüssel geben und mit den Fingerspitzen oder dem Knethaken der Küchenmaschine rasch zu einem krümeligen Teig verarbeiten. Die Krümel mit den Händen zusammenschieben und eine Teigkugel daraus formen. Den Mürbeteig für 30 Minuten in den Kühlschrank stellen.

Den Backofen auf 170 °C Umluft vorheizen und die Springform ausbuttern.

Die Johannisbeeren waschen, trocken tupfen und verlesen.

Den Mürbeteig auf einer mit Mehl bestaubten Arbeitsfläche ausrollen. Die Springform mit dem Teig auskleiden, überstehenden Teig mit einem Messer abschneiden.

Für das Baiser das Eiweiß in einer fettfreien Rührschüssel mit dem Handrührgerät sehr steif schlagen. Nach und nach den Zucker einrieseln lassen. Zuletzt den Zitronensaft unterrühren.

Ein Viertel der Baisermasse für das Topping beiseitestellen. Die Mandeln und die Johannisbeeren mit einem Teigschaber in die restliche Baisermasse heben.

Die Baisermischung auf den Mürbeteig geben. Das beiseitegestellte Baiser mit einem Löffel in Häufchen oben auf den Kuchen setzen und wolkenartig drapieren. Den Kuchen im vorgeheizten Ofen etwa 40–45 Minuten backen. Anschließend herausnehmen, abkühlen lassen, mit Johannisbeeren verzieren und servieren.

Windlicht mit getrockneten Blumen

Wer hätte gedacht, dass Toilettenpapier, ein bisschen Kleber und getrocknete Blüten so ein schönes Licht werfen können! Bis die Windlichter ganz durchgetrocknet sind, braucht es ein wenig Zeit, aber dann leuchten sie umso schöner. Perfekt auch im Herbst mit getrockneten Blättern oder im Winter mit Glitzerkonfetti.

Das brauchst du für 1 Windlicht

1 Luftballon
1/2 Flasche flüssiger Klebstoff in der Flasche, durchsichtig
kleines Glas oder Becher
1 Rolle Toilettenpapier
Pinsel
1 Taschentuch (4-lagig)
getrocknete Blüten, Blätter und Gräser (nicht gefärbt)
Teelicht

Den Luftballon etwa grapefruitgroß aufpusten und verknoten.

Den flüssigen Kleber in ein kleines Glas oder einen Becher füllen und mit 50 ml Wasser vermischen.

Das Toilettenpapier in kleine Stücke reißen. Mithilfe eines Pinsels und dem Kleber auf den Luftballon versetzt in mehreren Lagen aufkleben. Dann das Papier trocknen lassen. Achtung: Für die obere Öffnung sollte etwa ein Viertel des Luftballons nicht mit Toilettenpapier beklebt werden.

Das Taschentuch in seine vier Lagen auseinandertrennen. Eine Stelle auf dem Pappmaschee mit der Klebermischung bestreichen, die getrockneten Blüten, Blätter und Gräser dort auflegen und mit dem Pinsel etwas festdrücken. Vorsichtig mit nur einer Lage Taschentuch belegen, diese mit dem Pinsel und Kleber bestreichen und gut trocknen lassen.

Den Luftballon zerstechen und aus dem Windlicht entfernen. Nach Bedarf den oberen Rand zurechtschneiden. Zuletzt ein Teelicht hineinsetzen.

Mini-Quiches mit bunten Sommertomaten und Thymian

Ich bin absolut begeistert von Filoteig, denn mit flüssiger Butter eingepinselt stellt man daraus sozusagen selbst einen knusprigen Blätterteig her. Du kannst ihn süß oder herzhaft füllen und im Ofen gebacken wird damit der Traum von einer super krossen Mini-Quiche wahr!

Das brauchst du für 18 Mini-Quiches

Teig:
100 g Butter plus mehr für die Form
1 Packung Filoteig (10 Blätter)

Füllung:
200 g geriebener Emmentaler
2 Eier
200 g Crème fraîche
1/2 TL Dinkelmehl Type 630
1/2 TL Salz
1 Msp. geriebene Muskatnuss
schwarzer Pfeffer aus der Mühle

Außerdem:
ca. 20 bunte Cocktailtomaten
2 Zweige Thymian

Für den Teig die Butter schmelzen. Den Filoteig auspacken und das Trennpapier entfernen. Jeweils fünf einzelne Blätter mit Butter bestreichen und aufeinanderlegen. Diesen Schritt mit den restlichen Blättern wiederholen.

Eine Muffinform ausbuttern. Aus einem Stapel zusammengebutterter Blätter neun Quadrate schneiden und in die Mulden der Muffinform legen. Ebenso mit dem zweiten Stapel verfahren, übrige Teigstücke für eine zweite Backrunde bereitlegen.

Den Backofen auf 170 °C Umluft vorheizen.

Die Tomaten waschen und halbieren.

Für die Füllung alle Zutaten in eine Schüssel geben und mit dem Pürierstab zu einer glatten Masse mixen.

Die Füllung auf dem Teig in den Muffinmulden verteilen und mit je zwei Tomatenstücken garnieren. Die Thymianzweige waschen, trocken tupfen und die Blättchen abzupfen. Die Blättchen auf die Mini-Quiches streuen.

Die Quiches im vorgeheizten Ofen auf der mittleren Schiene etwa 20–25 Minuten backen. Anschließend herausnehmen, leicht abkühlen lassen und lauwarm oder kalt servieren.

Erdbeer-Sahne-Biskuit

Wenn im Sommer die ersten Erdbeeren reif sind, gibt es kein besseres Rezept als diesen Kuchen aus Beeren, Sahne und Butterbiskuit. Simpel, aber besonders wichtig ist das Verhältnis dieser drei Zutaten: Wir mögen den Biskuit eher flach, dafür mit viel, viel Sahne. Und natürlich schmeckt diese Erdbeertorte auch dann hervorragend, wenn die Erdbeerstücke ganz wild darauf verteilt werden.

Das brauchst du für 1 Springform (ø 26 cm)

Teig:
4 Eier
90 g Puderzucker
90 g Dinkelmehl Type 630
1/2 TL Backpulver
30 g Butter

Belag:
2 Becher süße Sahne (à 200 g)
2 Päckchen Sahnesteif

Außerdem:
500 g Erdbeeren

Den Backofen auf 170 °C Umluft vorheizen und eine Springform mit Backpapier auslegen.

Für den Teig die Eier und den Puderzucker in der Küchenmaschine sehr cremig aufschlagen. Das Mehl und das Backpulver mischen, über die Masse sieben und mit einem Teigschaber unterheben. Die Butter schmelzen und lauwarm abkühlen lassen. Die flüssige Butter sehr langsam unter Rühren in die Biskuitmasse einarbeiten.

Den Teig in die Springform füllen. Den Kuchen im vorgeheizten Ofen etwa 25–30 Minuten backen. Anschließend herausnehmen, heiß auf ein Kuchengitter stürzen und das Backpapier vorsichtig abziehen. Den Kuchen vollständig abkühlen lassen.

Für den Belag die Sahne mit dem Sahnesteif in einem hohen Rührbecher steif schlagen. Dann auf dem Kuchen verstreichen.

Die Erdbeeren waschen, trocken tupfen, putzen und in Spalten schneiden. Den Sahnekuchen damit belegen und servieren.

Blumen-Haarband und -Haarspangen aus Wollfilz

Über die Jahre haben wir einen großen Schatz an Verkleidungen und passenden Accessoires im Kinderzimmer angesammelt. Altes aus meiner Kindheit in den 90ern, Gebrauchtes vom Flohmarkt und einige selbst genähte Zwergenkleider und Blumenfeen-Umhänge aus flatternder Seide. Dazu wünschen sich die Mädchen immer wieder passenden Kopfschmuck, wie diese Blumen-Haarbänder. Sie können einfach zusammengeknotet werden und schmücken neben den Kindern auch sämtliche Kuscheltiere.

Das brauchst du für 1 Haarband

Wollfilz, verschiedene Farben
Schere
Nadel
Nähgarn
Webband (ca. 60 cm lang), naturfarben
Stickgarn, farbig
Haarspange
Heißklebepistole

Für Mohnblumen aus dem Wollfilz zwei verschiedenfarbige Kreise (ø ca. 5 cm) zuschneiden. Diese so einschneiden, dass sechs Blütenblätter entstehen. Für die Blütenstempel einen Stoffstreifen 6 x 4 cm längs falten und am Stoffbruch 2 cm einschneiden. Den Streifen aufrollen und festnähen, sodass die Schlaufen oben sind. Blütenstempel auf die beiden Blütenblätter-Kreise legen und mit Nadel und Garn von Hand festnähen.

Kleine Röschen entstehen aus einem Stoffstreifen von 8 x 3 cm. An einer Längsseite sechs Wellen ausschneiden, den Streifen aufrollen und festnähen.

Mohnblumen, Röschen und frei geschnittene Formen und Blätter auf das Webband legen, feststecken, umdrehen und von Hand festnähen. Für einen besseren Halt die einzelnen Blüten unsichtbar aneinander festnähen und kleine Details, zum Beispiel an den Blättern, mit farbigem Stickgarn aufsticken.

Für die Blumen-Haarspangen eine große Blüte mit Blättern und freien Formen auf ein etwa 4 cm langes Band aufnähen und auf der Rückseite mit Heißkleber auf eine Haarspange kleben. Achtung: Dabei sollten unbedingt Erwachsene helfen!

Mandel-Pfirsich-Bienenstich

Knusprig, sahnig, süß. Die weichen Weinberg-Pfirsiche machen diesen Kuchen besonders saftig – ein Hauch von Sommersüße für den Sonntagskaffeeklatsch im Garten oder auf der Terrasse.

Das brauchst du für 1 quadratische Backform (20 x 20 cm)

Mandel-Topping:
200 g Mandelblättchen
60 g Butter
60 ml Milch
100 g Zucker

Teig:
200 g weiche Butter
150 g Rohrzucker
2 Eier
200 g Dinkelmehl Type 630
1 TL Backpulver
1 Prise Salz
1/2 TL Bourbon Vanille
1/2 TL Kurkumapulver
Abrieb von 1 unbehandelten Orange

Außerdem:
2 Weinberg-Pfirsiche
1 Becher süße Sahne (200 g)

Für das Mandel-Topping alle Zutaten in einen Topf geben und bei niedriger Temperatur unter ständigem Rühren aufkochen lassen. Dann vom Herd nehmen und abkühlen lassen.

Den Backofen auf 170 °C Umluft vorheizen und die Backform mit Backpapier auslegen.

Für den Teig Butter, Zucker und Eier mit der Küchenmaschine vermengen. Mehl, Backpulver, Salz, Bourbon Vanille, Kurkuma und Orangenabrieb hinzufügen und alles zu einem festen, cremigen Teig verrühren.

Den Teig in die Form füllen.

Die Pfirsiche waschen, den Stein entfernen und die Pfirsiche in dünne Spalten schneiden. Die Spalten auf dem Teig verteilen. Mit einem Löffel das Mandel-Topping darüber verstreichen.

Den Bienenstichkuchen im vorgeheizten Ofen 25–35 Minuten backen. Anschließend herausnehmen und abkühlen lassen.

Die Sahne in einem hohen Rührbecher steif schlagen und zu dem Kuchen servieren.

Regenbogen-Blumenkranz

Strandflieder gibt es im Spätsommer in den buntesten Farben. Er lässt sich allerdings am besten noch frisch verarbeiten, bereits getrocknet bröseln die Blüten sehr leicht vom Stiel. Der Trick für schöne Farbübergänge ist ein Sträußchen, das gleich zwei Farben enthält.

Das brauchst du für 1 Regenbogen-Blumenkranz

frischer Strandflieder, verschiedene Farben
Schere
Blumendraht, grün
Metallring, gold (ø ca. 20 cm)
Band zum Aufhängen

Den Strandflieder nach Farben sortieren und in kleine, etwa 4–5 cm lange Rispen schneiden. Den Blumendraht an den Metallring festknoten.

Dann mit der hellsten Farbe beginnend zwei bis drei Rispen überlappend an den Ring binden. Beim Farbwechsel darauf achten, zunächst ein Sträußchen in beiden Farben zu mischen und einzubinden, so gibt es einen weicheren Farbverlauf.

Für den Abschluss einige Rispen entgegengesetzt der Binderichtung am Metallring befestigen und mit dem Draht ein paar Zentimeter zurückwickeln.

Den Kranz im Liegen einige Tage trocknen lassen und anschließend an einem schönen Band aufhängen.

Zucchini-Schoko-Kuchen

In meinem handgeschriebenen Rezeptebuch steht dieses Rezept ganz vorne, auf der ersten Seite des Einbandes gekritzelt, mit Krümeln von Walnüssen und knirschendem Zucker zwischen den Seiten aus Papier. Wie oft ich diesen Kuchen schon gebacken habe, kann ich nicht mehr zählen. Meine Kinder hassen Zucchini, lieben aber diesen Kuchen.

Das brauchst du für 1 Kranzform (ø 24 cm)

Teig:
200 g weiche Butter plus mehr für die Form
370 g Dinkelmehl Type 1050
plus mehr für die Form
250 g Rohrohrzucker
4 Eier
200 g gemahlene Walnusskerne
1 Päckchen Backpulver
1/2 TL Bourbon Vanille
1 TL Zimtpulver
2 EL Kakaopulver
400 g Zucchini
200 g Schokoraspel

Außerdem:
Puderzucker zum Bestauben

Den Backofen auf 170 °C Umluft vorheizen. Die Kranzform ausbuttern und mit Mehl ausstauben, überschüssiges Mehl wieder gut herausklopfen.

Für den Teig die Butter und den Zucker in der Küchenmaschine etwa 10 Minuten sehr cremig aufschlagen. Dann nacheinander die Eier einarbeiten. Mehl, Nüsse, Backpulver, Vanille, Zimt und Kakaopulver mischen und hinzufügen.

Die Zucchini waschen, putzen und fein raspeln; wenn sie sehr wässrig sind, einmal mit den Händen ausdrücken. Die Zucchini mitsamt den Schokoraspeln in die Teigmasse geben und mit einem Kochlöffel unterheben.

Den Teig in die Form füllen. Den Kuchen im vorgeheizten Ofen etwa 35–45 Minuten backen (Stäbchenprobe machen).

Anschließend herausnehmen und abkühlen lassen.
Den Kuchen mit Puderzucker bestauben und servieren.

Vogelschälchen

Unser großes Mädchen liebt es, mit Modelliermasse ihre eigene Welt zu gestalten, ich habe immer einige Blöcke in verschiedenen Farben zu Hause. Für ihren Kinderschmuck haben wir uns beim letzten Sommergewitter diese Schälchen in Form von süßen Vögelchen ausgedacht. Nach dem Gestalten benötigt die Modelliermasse einige Tage, um vollständig zu trocknen, danach kann sie mit Acrylfarbe angemalt werden. Die Schälchen sind auch prima, um kleine Perlen zu sortieren oder für die Spielküche der Kinder.

Das brauchst du für 1 Schälchen

ca. 300 g Modelliermasse, terrakottafarben
Teigrolle
Messer
Küchenpapier
Pinsel
Acrylfarbe, verschiedene Farben

Die Modelliermasse gut durchkneten, damit sie weich wird. Auf einer glatten Arbeitsfläche etwa 0,5 cm dick ausrollen und mit einem Messer Kreise mit einer kleinen Ecke als Schnabel für die Vogelfigur ausschneiden. Daraus ein Schälchen formen.

Zwei große Blätter Küchenpapier der Länge nach aufwickeln und ineinander verdreht zu einem Ring schließen.

Das Schälchen aus Modelliermasse in den Ring betten und mit angefeuchteten Fingern etwas glatt streichen. Ein paar Stunden antrocknen lassen, dann das Papier entfernen und das Schälchen umgedreht einige Tage vollständig aushärten lassen.

Das Schälchen mithilfe des Pinsels mit Acrylfarbe bemalen und mit einem sehr kleinen Pinsel die Vogelaugen aufmalen.

Focaccia mit Blättern und Blumen

Diese Focaccia ist fester Bestandteil in unseren sommerlichen Hinterhof-Gartenpartys. Für mich kann der Grill gerne kalt bleiben, solange es Focaccia, Antipasti, Tomaten, Salat und Käse gibt. Lauwarm aus dem Ofen schmeckt die Focaccia natürlich am besten, der Teig lässt sich gut verschlossen auch mal über Nacht im Kühlschrank aufbewahren.

Das brauchst du für 1 großes oder 3 kleinere Focaccia-Blätter

Teig:
15 g frische Hefe
1/2 TL Zucker
500 g Dinkelmehl Type 630
2 TL Salz
2 EL Olivenöl

Belag:
3 EL Olivenöl zum Bestreichen
frischen Salbei, Rosmarin und Thymian zum Belegen
essbare Blüten
grobes Meersalz zum Bestreuen

Für den Teig die Hefe mit den Fingern in ein Schälchen bröseln und mit dem Zucker in 2 EL Wasser auflösen. Die Hefemischung und die restlichen Zutaten mit 250–300 ml lauwarmem Wasser in eine Rührschüssel geben. Mit den Händen oder dem Knethaken der Küchenmaschine alles kräftig zu einem geschmeidigen Hefeteig kneten. Den Teig abgedeckt etwa 1 Stunden ruhen lassen.

Den Backofen auf 190 °C Umluft vorheizen und ein Backblech mit Backpapier auslegen.

Den Teig nochmals gut durchkneten und auf dem Backpapier etwa 1 cm dick in Blattform ausrollen. Mit einem Messer oder Teigrädchen kleine Löcher in das Blatt schneiden.

Den Teig mit etwas Olivenöl bestreichen, mit Kräutern sowie essbaren Blüten belegen und erneut mit dem restlichen Öl bestreichen. Zuletzt mit Meersalz bestreuen.

Die Focaccia im vorgeheizten Ofen etwa 20–30 Minuten backen. Anschließend herausnehmen, leicht abkühlen lassen und servieren.

1. Den Hefeteig gut durchkneten, ...

2. ... ausrollen und einschneiden.

3. Mit Olivenöl bestreichen ...

4. ... und mit Kräutern sowie essbaren Blüten belegen.

Zupfkuchen mit Aprikosen

Dieses Rezept ist schon fast so alt wie ich. Mit zwei Freunden hatte ich damals, zu Grundschulzeiten, einen kleinen Verkaufsstand in der Einfahrt unseres Hauses in einem kleinen süddeutschen Dorf. Wir haben Gebasteltes und eben diesen Kuchen verkauft, den ich für immer mit der Mama dieser beiden Freunde verbinden werde.

Das brauchst du für 1 Springform (ø 26 cm)

Teig:
200 g weiche Butter, gewürfelt, plus mehr für die Form
160 g Rohrzucker
1 Ei
380 g Dinkelmehl Type 630
40 g Kakaopulver
1 Päckchen Backpulver

Füllung:
3 Eier
500 g Magerquark
200 g Rohrzucker
1 Päckchen Vanillepuddingpulver
180 g Butter

Außerdem:
etwa 12 kleine Aprikosen

Den Backofen auf 170 °C Umluft vorheizen und die Springform ausbuttern.

Für den Mürbeteig alle Zutaten in eine Rührschüssel geben und mit den Fingerspitzen oder dem Knethaken der Küchenmaschine rasch zu einem glatten Teig verarbeiten. Drei Viertel des Teiges in die Form geben und festdrücken.

Für die Füllung Eier, Quark, Zucker und Puddingpulver mit dem Schneebesen verrühren. Die Butter schmelzen und unter die Masse geben. Dann die Füllung auf dem Teig in der Form verteilen.

Die Aprikosen waschen und die Steine entfernen. Den Kuchen mit den Aprikosen belegen. Zuletzt den restlichen Teig zu Streuseln zerkrümeln und die Aprikosen damit bestreuen.

Den Kuchen im vorgeheizten Ofen etwa 30–40 Minuten backen (Stäbchenprobe: mit dem Holzstäbchen testen, ob die Aprikosen weich sind). Anschließend herausnehmen und den Kuchen vor dem Servieren in der Form vollständig abkühlen lassen.

Käsekuchen-Waffeln

Warum ich erst 37 Jahre alt werden musste, um auf die Idee zu kommen, einmal die Füllung eines Käsekuchens ins Waffeleisen zu geben, weiß ich nicht. Aber es schmeckt so unglaublich gut, nach Waffeln und eben nach Käsekuchen, sodass es diese Waffeln nun ständig bei uns gibt, wenn wir Lust auf Käsekuchen haben, aber keine Zeit, einen richtigen zu backen.

Das brauchst du für ca. 15 Waffeln

Teig:
4 Eier
250 g Quark
500 g Frischkäse
40 g Vanillepuddingpulver
170 g Zucker
100 g Dinkelmehl Type 1050

Außerdem:
Johannisbeeren oder andere Beeren
1 EL Butter

Für den Teig alle Zutaten in eine Rührschüssel geben und mit dem Schneebesen glatt rühren.

Die Beeren waschen, trocken tupfen, verlesen und in den Teig einstreuen.

Ein Waffeleisen mit etwas Butter einfetten, mithilfe einer Kelle Teig einfüllen und auf niedrigster Stufe langsam hellbraune Waffeln ausbacken.

Die Waffeln möglichst sofort servieren.

Die Tage werden kürzer, wir verbringen jetzt wieder mehr Zeit zu Hause, basteln Blätterketten und Laternen und knabbern dabei die leckeren Hafer-Bärenkekse von Seite 100.

HERBST

Im Herbst gibt es dann endlich die Apfel-Galette mit nussiger Füllung, den veganen Zwetschgenkuchen und für ein warmes Frühstück das Baked Oatmeal mit Butterbirnen und Zimt.

Bunte Herbstastern

Pappteller sind so was wie ein Musthave in der Bastelkiste! Bunt angemalt wie leuchtende Blumen, die im Kornfeld stehen, sehen sie besonders schön aus. Durch ihre leichte Wölbung lässt sich prima auf dem Teller weben, und das können schon Kindergartenkinder sehr gut realisieren.

Das brauchst du für 1 Herbstaster

Pappteller (ø 15 cm)
Pinsel
Acrylfarbe
Schere
Wollgarn, verschiedene dunkle und helle Farben
Klebeband
große, stumpfe Nadel
Holzperlen

Den Pappteller mithilfe eines Pinsels mit Acrylfarbe anmalen und trocknen lassen.

Dann mit der Schere rundherum elf Zacken ausschneiden.

Mit einem dunklen Wollgarn rund um den Tellerrand Kettfäden spannen, dabei den Anfangsfaden mit einem Klebeband auf der Rückseite befestigen und das Ende in der Mitte gut verknoten. Danach Wolle in hellerer Farbe in die Nadel einfädeln und rundherum weben.

Zuletzt die Holzperlen als Blütenstempel aufnähen.

Käsekuchen-Himbeer-Zimtschnecken

Das brauchst du für 1 Backform (30 x 30 cm)

Teig:
1/2 Würfel frische Hefe
50 g weiche Butter
plus mehr für die Form
500 g Dinkelmehl Type 630
plus mehr zum Arbeiten
100 g Rohrzucker
200 ml Milch
1 Ei

Füllung:
300 g Frischkäse
100 g Zucker
20 g Vanillepuddingpulver oder Stärke
1 Ei
20 g süße Sahne

Eistreiche:
1 Eigelb
3 EL Milch

Außerdem:
250 g Himbeeren
2 EL Zimtpulver-Zucker-Mischung

Für den Teig die Hefe mit den Fingern zerbröseln und in einem kleinen Schälchen in 2 EL warmem Wasser auflösen. Die Butter würfeln. Mehl, Rohrzucker und die gewürfelte Butter in eine Rührschüssel geben. Die aufgelöste Hefe, die Milch und das Ei hinzufügen. Alles mit den Händen oder dem Knethaken der Küchenmaschine kräftig zu einem geschmeidigen Hefeteig verkneten. Den Teig beiseitestellen und etwa 30 Minuten abgedeckt aufgehen lassen.

Für die Füllung alle Zutaten in einer Schüssel mit dem Schneebesen verrühren. Die Backform ausbuttern.

Eine glatte Arbeitsfläche mit Mehl bestauben und den Teig darauf etwa 1 cm dick ausrollen. Mit der Füllung bestreichen.

Die Himbeeren waschen, trocken tupfen und verlesen. Die Himbeeren auf der Füllung verteilen. Zuletzt alles mit der Zimt-Zucker-Mischung bestreuen.

Den Backofen auf 170 °C Umluft vorheizen. Den Teig von der langen Seite aufrollen. Mit einem scharfen Brotmesser den Teig in etwa 4 cm dicke Scheiben schneiden, diese in die Form setzen und nochmals 30 Minuten aufgehen lassen.

Für die Eistreiche Eigelb und Milch mit einer Gabel verquirlen. Die Teigscheiben damit einstreichen.

Die Käsekuchen-Himbeer-Zimtschnecken im vorgeheizten Ofen etwa 30–35 Minuten backen. Anschließend herausnehmen, abkühlen lassen und servieren.

Ein klassisches »Ich kann mich nicht entscheiden«-Rezept. Oder eben das Beste aus zwei Lieblingsrezepten. Beeren kannst du natürlich auch durch Schokodrops oder Nüsse ersetzen.

Bärige Haferkekse mit Haselnüssen

Wir lieben Haferkekse, in Bärenform natürlich noch ein klein wenig mehr. Die niedlichen Bärengesichter sind super einfach zu formen und im Handumdrehen ist eine ganze Bärenfamilie auf dem Backblech bereit, weggeknuspert zu werden. Wer mag, ersetzt 50 g der Haferflocken durch Kokosraspeln.

Das brauchst du für ca. 15 Bären

Teig:
180 g Butter
160 g Feinblatt-Haferflocken
180 g Rohrohrzucker
120 g Dinkelvollkornmehl
60 g Dinkelmehl Type 630
1 Päckchen Vanillezucker
1 TL Backpulver
100 g gemahlene Haselnusskerne
1 Ei

Außerdem:
backfeste Schokoladentropfen

Den Backofen auf 170 °C Umluft vorheizen.

Für den Teig die Butter in einem kleinen Topf schmelzen und abkühlen lassen. Haferflocken, Zucker, Mehle, Vanillezucker, Backpulver und Haselnüsse mit einem Löffel vermischen. Die Butter und das Ei hinzufügen und alles mit den Händen zu einem Teig vermengen.

Den Teig zu unterschiedlich großen Kugeln formen: Für einen Bären aus einer großen und drei kleinen Kugeln das Gesicht formen. Je zwei Schokoladentropfen als Augen und einen Schokotropfen als Schnauze aufdrücken.

Die Bärenkekse im vorgeheizten Backofen etwa 10–14 Minuten backen. Anschließend herausnehmen und vor dem Servieren auf einem Kuchengitter abkühlen lassen.

Kürbis-Focaccia

Das Wichtigste bei diesem Rezept ist die Zeit. Die ist nämlich einfach notwendig, damit die Focaccia saftig und fluffig zugleich wird. Die Kürbisspalten und -kerne sind nicht nur super schöne Deko auf diesem Brot aus der Auflaufform, sondern außerdem ein köstlicher Belag, der wunderbar mit der herbstlichen Focaccia harmoniert. Zack, fertig ist das Abendbrot!

Das brauchst du für 1 Focaccia

Teig:
1/2 Würfel frische Hefe
3 EL Olivenöl plus mehr für die Form
2 TL Salz
500 g Dinkelmehl Type 630

Belag:
5 EL Olivenöl
1/2 Hokkaido-Kürbis
5 EL Kürbiskerne
1 TL grobes Meersalz

Für den Teig die Hefe in eine große Rührschüssel bröseln. Etwa 200 ml lauwarmes Wasser dazugeben und die Hefe unter Rühren mit einem Schneebesen auflösen. Die restlichen Zutaten hinzufügen. Alles mit den Händen oder dem Knethaken der Küchenmaschine zu einem feuchten Teig verkneten. Die Schüssel abdecken und den Teig etwa 1 Stunde ruhen lassen.

Anschließend den Teig nochmals gut durchkneten und erneut abgedeckt mindestens 30 Minuten ruhen lassen.

Den Backofen auf 180 °C Umluft vorheizen und eine Auflaufform mit Olivenöl einstreichen.

Den Teig in die Form geben.

Für den Belag den Teig mit dem Olivenöl übergießen und mit den Fingerspitzen flach drücken. Den Kürbis in dünne Spalten schneiden und die Kerne entfernen. Die Kürbisspalten auf den Teig legen, mit Kürbiskernen und dem Meersalz bestreuen. Den Teig weitere 15 Minuten aufgehen lassen.

Die Focaccia im vorgeheizten Ofen etwa 20–25 Minuten backen. Anschließend herausnehmen, leicht abkühlen lassen und servieren.

Mini-Laterne »Wischi-Waschi«

Diese Laternen waren für mich lange Zeit eine große Herausforderung: Erst der Einsatz eines Falzbeiles hat alles zum Guten gewendet und nun liebe ich es sehr, sie gemeinsam mit den Kindern zu basteln. Natürlich kannst du die Laternen auch mit großen DIN-A3-Bögen anfertigen, wichtig ist nur, dass du sie erst nach dem Zusammenkleben mit Öl einstreichst.

Das brauchst du für 1 Mini-Laterne

1 DIN-A4-Bogen Aquarellpapier
Pinsel
Aquarellfarbe, verschiedene Farben
Bleistift
Falzbeil oder Lineal
Schere
flüssiger Klebstoff
ggf. Lochzange

2 EL Olivenöl
Küchenpinsel

Das Aquarellpapier auf einer wasserfesten Arbeitsfläche mithilfe eines Pinsels mit klarem Wasser einpinseln. Anschließend in der »Nass in Nass«-Technik mit einem weichen Haarpinsel mit sehr flüssiger Aquarellfarbe ein schönes Muster aufmalen und trocknen lassen.

Beim ersten Falten dieser Laterne bietet es sich an, einmal alle Knicklinien mit Bleistift aufzuzeichnen, bei der zweiten Laterne klappt das dann bestimmt schon ohne Vorzeichnen. Hilfreich ist auf jeden Fall ein Falzbeil oder, wenn keines greifbar, ein Lineal. Damit lassen sich die Linien exakter knicken.

Das Papier im Querformat vor sich ausbreiten. Am oberen Teil drei je 1 cm breite Linien anzeichnen, die später den stabilen Rand der Laterne bilden sollen. Am linken Rand des Papiers einen 1 cm breiten Rand zum Zusammenkleben der Seiten markieren. Alle Randstreifen beim anschließenden Falten außen vor lassen.

Das Papier dann halbieren und vierteln, sowohl in Längs- als auch in Querrichtung. Die so entstandenen Rechtecke dann nochmals diagonal in beide Richtungen knicken. Die unteren vier großen Rechtecke für den Boden der Laterne von unten viermal einschneiden. Das zugehörige Stück des Randstreifens auf der linken Seite entfernen.

Nun das Papier zur Laterne zusammenkleben, indem die kurze Seite des Papiers mit flüssigem Klebstoff auf den Randstreifen geklebt wird. Die Laterne zum Viereck aufklappen. Die vier Bodenteile übereinanderlappend zusammenkleben und gut trocknen lassen.

Die oberen Randstreifen zweimal nach unten falten und gegebenenfalls mit einer Lochzange an zwei gegenüberliegenden Seiten Löcher für eine Aufhängung einstanzen.

Die Laterne mithilfe eines Küchenpinsels rundherum mit Olivenöl einpinseln und über Nacht trocknen lassen. Am folgenden Tag auf allen vier Seiten die Kanten an den Ecken einknicken.

1. Das bemalte und gefaltete Papier unten viermal einschneiden und den zugehörigen Randstreifen entfernen.

2. Die Seiten zur Laterne falten ...

3. ... und zusammenkleben.

4. Die Bodenteile übereinanderklappen ...

5. … und zusammenkleben.

6. Die oberen Randstreifen zweimal nach unten falten (und Löcher für eine Aufhängung einstanzen).

7. Die Laterne mit Öl einpinseln, über Nacht trocknen lassen und am nächsten Tag die Kanten an den Ecken einknicken.

8. Weitere Laternen herstellen, denn jetzt geht es ganz schnell.

Veganer Walnusskuchen mit Zwetschgen und Zimt

Die Kombination aus Zwetschgen, Zimt und Walnuss: eine der besten Neuentdeckungen im letzten Herbst für mich. Natürlich könnte dieser Kuchen noch mit Streuseln bedeckt werden, aber er schmeckt auch so ganz puristisch wirklich wunderbar.

Das brauchst du für 1 Tarteform (ø 22 cm)

Teig:
160 g Mehl
150 g Rohrzucker
50 g gemahlene Mandelkerne
125 g gemahlene Walnusskerne
2 TL Backpulver
1 Prise Salz
1/2 TL Zimtpulver
90 g vegane Margarine
150 ml Haferdrink

Außerdem:
6–10 Zwetschgen

Den Backofen auf 170 °C Umluft vorheizen und eine Tarteform oder eine runde Kuchenform mit Backpapier auslegen.

Die Zwetschgen waschen, halbieren und den Stein entfernen.

Für den Teig Mehl, Zucker, Mandeln, Walnüsse, Backpulver, Salz und Zimt mit einem Löffel in einer Rührschüssel mischen. Die Margarine schmelzen und mit dem Haferdrink dazugeben. Alles rasch zu einem Teig verrühren.

Den Teig in die Form geben und mit den Zwetschgen belegen.

Den Walnusskuchen im vorgeheizten Ofen etwa 30–35 Minuten backen. Anschließend herausnehmen, abkühlen lassen und servieren.

Glitzerkrone aus Pfeifenputzern

Eine Krone für alle Prinzessinnen und Prinzen, Könige und Königinnen, Drachenkämpfer und -kämpferinnen. Für alle Mamas und Papas und für diejenigen, die eine Krone für den Alltag verdient haben. Perfekt auch für den Kindergeburtstag, damit sich sämtliche Kinder bei der Party ganz königlich fühlen!

Das brauchst du für 1 Glitzerkrone

Chenilledraht/Pfeifenputzer
Schere
Miniperlen (optional)

Mit einem langen Stück Chenilledraht den Kopfumfang des zu krönenden Kindes ausmessen. Dieser Draht bildet die Basis der Glitzerkrone.

Mit der Schere mehr Draht in unterschiedlich lange Stücke schneiden. Nach Belieben Perlen auffädeln und die einzelnen Drahtstücke in königlichen runden und eckigen Formen mit der Kronenbasis verknüpfen. Besonders schön wird die Krone, wenn sie symmetrisch gestaltet ist.

Apfel-Galette mit Haselnussfüllung

Eine schöne flache Apfelgalette ist im Herbst auf jeden Fall immer eine gute Idee. Die Haselnüsse machen sie äußerst saftig. Wenn Bio-Äpfel wie zum Beispiel aus dem hier an Hamburg grenzenden Alten Land verwendet werden, kann die Schale auch einfach mal dran bleiben.

Das brauchst du für 1 Galette

Teig:
320 g Dinkelmehl Type 630 plus mehr zum Arbeiten
140 g Zucker
170 g kalte Butter, gewürfelt
1 Ei

Füllung:
100 g gemahlene Haselnusskerne
100 g Rohrzucker
100 g weiche Butter
1 Ei

Eistreiche:
1 Eigelb
4 EL Milch

Außerdem:
ca. 1 kg Äpfel
100 g gehobelte Mandelkerne
Puderzucker zum Bestauben

Für den Mürbeteig alle Zutaten in eine Rührschüssel geben und mit den Fingerspitzen oder dem Knethaken der Küchenmaschine rasch zu einem krümeligen Teig verarbeiten. Den Teig zu einer großen Kugel formen und abgedeckt für etwa 30 Minuten in den Kühlschrank stellen.

Den Backofen auf 180 °C Umluft vorheizen. Die Äpfel waschen, vierteln und vom Kerngehäuse befreien. Die Apfelviertel in dünne Scheiben schneiden, dabei darauf achten, dass die einzelnen Scheiben weiterhin zusammenhalten.

Für die Füllung alle Zutaten mithilfe von Mixer oder Küchenmaschine zu einer glatten Masse verarbeiten.

Den Mürbeteig mit etwas Mehl bestaubt auf einem Backpapier ausrollen. Die Füllung auf dem Teig verteilen, dabei einen etwa 4 cm breiten Rand frei lassen. Die Äpfel auf die Füllung geben und die Teigränder einklappen.

Für die Eistreiche das Eigelb mit der Milch verquirlen. Die Teigränder damit bestreichen. Zuletzt die Mandeln auf den Rand streuen.

Die Galette im vorgeheizten Ofen etwa 35–40 Minuten backen. Anschließend herausnehmen, mit Puderzucker bestauben und am besten warm genießen.

1. Die Haselnussfüllung auf dem ausgerollten Teig verstreichen.

2. Die Apfelviertel auslegen ...

3. ... und die Teigränder einklappen.

4. Den Rand mit Eistreiche bepinseln und mit Mandeln bestreuen.

Kartoffelbrot-Geister

Sie sind fast zu gruselig, um sie zu essen! Obwohl es doch nur Kartoffelbrotteig mit ein bisschen Mehl bestaubt ist. Immerhin schmecken diese Geister herzhaft und sind so vielleicht ein guter Ausgleich auf jedem Halloween-Büfett – zu Glibbergrütze und Schlangenpüree.

Das brauchst du für ca. 20 Geister

Teig:
300 g Kartoffeln
1/2 Würfel frische Hefe
1 TL Zucker
500 g Dinkelvollkornmehl plus mehr zum Arbeiten
2 TL Salz
2 EL Olivenöl

Außerdem:
2 EL helles Mehl zum Bestauben

Für den Teig die Kartoffeln schälen und gar kochen. Anschließend stampfen und vollständig abkühlen lassen.

Die Hefe mit den Fingern zerbröseln und in einem kleinen Schälchen mit dem Zucker in 30 ml lauwarmem Wasser auflösen. Hefemischung, Mehl, gestampfte Kartoffeln, Salz, Olivenöl und 130–150 ml Wasser in eine Rührschüssel geben. Alles mit dem Knethaken der Küchenmaschine kräftig zu einem elastischen Teig verkneten. Den Teig abgedeckt etwa 1 Stunde aufgehen lassen.

Den Backofen auf 200 °C Umluft vorheizen und ein Backblech mit Backpapier auslegen.

Den Teig auf einer mit Mehl bestaubten Arbeitsfläche nochmals gut durchkneten und in unterschiedlich große Stücke teilen. Die Teiglinge mit den Fingern etwas flach drücken, daraus gruselige Gesichter formen und auf das Backpapier legen.

Die Kartoffelbrot-Geister mit Mehl bestauben und im vorgeheizten Ofen etwa 10–15 Minuten backen. Anschließend herausnehmen, abkühlen lassen und servieren.

Laterne »Schwan«

Ein weiterer Klassiker aus meinem Bastelfundus, der hier im Buch auf keinen Fall fehlen darf. Und mit wenigen Handkniffen ist außerdem auch schnell eine Taube, ein Flamingo oder ein anderes Federtier aus den Papptellern gebastelt. Der Schwan lässt sich in vielen Schritten bereits von Kindergartenkindern realisieren. Und mit einer LED-Lichterkette mit Knopfbatterie ausgestattet, erleuchtet der Schwan außerdem jedes Kinderzimmer!

Das brauchst du für 1 Schwan

Bleistift
3 Papp-Suppenteller, weiß (ø ca. 20 cm)
Schere
flüssiger Klebstoff in der Tube
Pinsel
Tusche
Lochzange
Nadel
Kordel
LED-Lichterkette, batteriebetrieben
1 Laternenholzstab mit Haken

Die Konturen des Schwans mit einem Bleistift auf die Innenseiten von zwei Papptellern zeichnen, dabei darauf achten, dass einer der Schwäne gespiegelt ist. Die Schwäne ausschneiden und mit flüssigem Klebstoff an den Rändern zusammenkleben und trocknen lassen.

Aus dem übrigen Pappteller Federn ausschneiden und auf den Rumpf des Schwanes kleben.

Mithilfe eines Pinsels mit Tusche auf beiden Seiten des Kopfes einen Schnabel und Augen aufmalen.

Mit einer Lochzange am vorderen und hinteren Ende des Schwans je ein Loch ausstanzen, eine Kordel durchziehen und eine Schlaufe als Aufhängung knoten.

Zum Leuchten den Schwan mit einer Lichterkette befüllen und an dem Laternenstab befestigen.

Baked Oatmeal mit Butterbirnen und Zimt

Wer hätte gedacht, dass der Hafer mal einen solch großen Auftritt bekommt. Neben Müsli und Granola machen die kleinen weißen Flocken auch in diesem Rezept eine sehr gute Figur – und aus diesem Auflauf etwas ganz Besonderes. Zusammen mit den Butterbirnen, die leicht nach Orange duften, ist das hier ein Herbstgericht, das wir zu allen Tageszeiten gerne genießen, nicht nur zum Frühstück. Auch mit Schokodrops im Oatmeal schmeckt es sehr köstlich.

Das brauchst du für 1 Auflaufform

Baked Oatmeal:
50 g Butter plus mehr für die Form
100 g fester Honig
ca. 350–400 ml Milch
2 Eier
250 g Feinblatt-Haferflocken
50 g gemahlene Mandelkerne
1 TL Backpulver
1 TL Zimtpulver
4 EL Großblatt-Haferflocken
4 EL Mandelblättchen

Butterbirnen:
5 Birnen
50 g Butter
50 g Zucker
Abrieb von 1 unbehandelten Orange

Den Backofen auf 180 °C Umluft vorheizen und die Auflaufform ausbuttern.

Für das Baked Oatmeal die Butter und den Honig in einem kleinen Topf schmelzen und abkühlen lassen. Die Milch und die Eier in eine Rührschüssel geben und gut verquirlen. Feinblatt-Haferflocken, Mandeln, Backpulver und Zimt untermischen. Zuletzt mit der Butter-Honig-Masse vermengen.

Das Oatmeal in die Auflaufform geben. Die Großblatt-Haferflocken und die Mandelblättchen darüberstreuen. Das Oatmeal im vorgeheizten Ofen in etwa 35–40 Minuten goldbraun backen.

Inzwischen für die Butterbirnen die Birnen schälen und das Kerngehäuse entfernen. Die Birnen in Spalten schneiden. Die Spalten mit der Butter, dem Zucker und dem Orangenabrieb in einer beschichteten Pfanne bei niedriger Temperatur dünsten.

Das Oatmeal noch warm mit den Butterbirnen servieren.

Ketten mit Herbstblätter-Püppchen

Unsere kleine Tochter ist drei und verlässt das Haus nie ohne eine kleine Begleiterin, dieses Püppchen. Gemeinsam haben wir an einem stürmischen Herbstnachmittag die Eichelkäppchen für die Hüte gesammelt und die Holzperlen bunt gefärbt. Beim Auffädeln der Perlen können die Kinder schon gut mithelfen, und da das Herbstpüppchen in der Blattkette wohnt, kann es direkt überall mit hin genommen werden.

Das brauchst du für 1 Kette

Holzperlen, naturfarben
Stickgarn
Pinsel
Aquarellfarbe
Wollwalk (ca. 10 x 20 cm)
Schere
Nähmaschine oder Nadel und Faden
1 Spielfigur aus Holz
flüssiger starker Alleskleber
1 Eichelkäppchen
Filzstift
1 Wattestäbchen
Rouge aus dem Schminkkasten
Filzreste

Holzperlen in gewünschter Länge der Kette auf das Stickgarn auffädeln. Die einzelnen Perlen in der Kette mithilfe eines Pinsels mit der Aquarellfarbe bemalen und dann trocknen lassen.

Für das Blatt den Wollwalk doppelt legen und die Form eines Blattes mit einem längeren Stiel ausschneiden. Am unten liegenden Stoff den Stiel belassen. Für eine Schlaufe als Aufhänger den Stiel nach hinten umschlagen und festnähen. Den oben liegenden Stoff um den Stiel und ein wenig des Blattes selbst kürzen. Mit der Nähmaschine oder von Hand ein Linienmuster in die Blattvorderseite, also in den oberen Stoff, nähen und anschließend Blattvorder- und Rückseite rundherum absteppen und zusammennähen. Das Blatt in die Holzperlenkette einfädeln.

Der Holzspielfigur mit flüssigem Alleskleber das Eichelkäppchen als Hut aufkleben. Mit einem Filzstift das Gesicht bemalen und mit einem Wattestäbchen das Rouge auf die Wangen tupfen.

Aus Filzresten einen Schal für das kleine Püppchen zuschneiden und diesen mit einem Tropfen Klebstoff um den Hals des Püppchens drapieren.

Süßkartoffel-Quiche

Diese Quiche habe ich zum ersten Mal für die Eltern bei einem Kindergeburtstag bei uns zu Hause gebacken. Es ist schon ein bisschen eine Tradition, dass wir nach einem kuchensüßen Geburtstagsnachmittag für die Kinder Pizza bestellen. Für die Eltern bereite ich dann gerne etwas Kleines, Schnelles vor, so wie diese Quiche, die man gut am Tag vorher backen kann und die auch kalt noch hervorragend schmeckt.

Das brauchst du für 1 Tarteform (ø 26 cm)

Teig:
250 g Dinkelmehl Type 1050
1 Ei
120 g weiche Butter, gewürfelt
120 g Quark, Halbfettstufe
1 EL geriebener Parmesan

(alternativ 1 Rolle Tarteteig aus dem Kühlregal)

Füllung:
2 Knoblauchzehen
500 g geriebener Käse (Emmentaler und Gruyère)
4 Eier
300 g süße Sahne
100 ml Milch
2 EL Mehl
1 TL Salz
schwarzer Pfeffer aus der Mühle
1 Msp. geriebene Muskatnuss

Außerdem:
1 Süßkartoffel (ca. 350 g)
1 EL Olivenöl
frische Thymianblättchen und Pinienkerne zum Bestreuen

Den Backofen auf 180 °C vorheizen und die Tarteform mit Backpapier auslegen.

Für den Mürbeteig alle Zutaten in eine Rührschüssel geben und mit den Fingerspitzen oder dem Knethaken der Küchenmaschine rasch zu einem glatten Teig verarbeiten. Den Teig auf einer mit Mehl bestaubten Arbeitsfläche etwa 0,5 cm dick ausrollen. Dann die Teigplatte in die Tarteform legen.

Die Süßkartoffel schälen und mit dem Sparschäler in sehr dünne Streifen hobeln. Das Olivenöl in einer Pfanne erhitzen und die Streifen darin bei hoher Temperatur kurz anbraten. Anschließend in der Tarteform verteilen.

Für die Füllung den Knoblauch abziehen und hacken. Mit den übrigen Zutaten in eine Schüssel geben und mit dem Pürierstab fein mixen.

Die Füllung auf den Süßkartoffeln verteilen. Die Tarte mit Thymian und Pinienkernen bestreuen und im vorgeheizten Ofen 30–40 Minuten backen. Anschließend herausnehmen, leicht abkühlen lassen und servieren.

Blattsterne

Äußerst enthusiastisch verstauen wir spätestens Ende Oktober fünf gepresste Blätter zwischen jeder Buchseite unserer dicken Märchenbücher. Zeit, etwas daraus zu basteln. Schulkinder können schon gut die dünn getrockneten Blätter in Form schneiden und zusammenkleben. Mit dem Klebestift können die Blätter übrigens dann auch einfach an die Fensterscheibe geklebt werden.

Das brauchst du für 1 Stern

8 getrocknete, gepresste Blätter, verschiedene Farben
Schere
flüssiger starker Alleskleber

Die Blätter mithilfe einer Schere so in Trapezform zuschneiden, dass der Winkel am unteren Blattende 90 Grad ergibt. Die mittlere Blattader dient als symmetrische Mitte. Die einzelnen Blätter auf der Unterseite mit Klebstoff bestreichen und fächerartig rundherum aufeinander kleben. Den Stern beschwert mit einem Buch trocknen lassen.

Haselnusswaffeln

Diese Waffeln sind regelmäßig unsere Frühstücksretter! Der absolut beste Life-Hack sind nämlich eingefrorene Waffeln. Wir toasten sie Herzchen für Herzchen ganz nach Hunger direkt morgens im Toaster wieder auf. Natürlich schmecken sie auch direkt aus dem Waffeleisen. Ich mache meist gleich die doppelte Teigmenge, damit etwas zum Einfrieren übrig bleibt.

Das brauchst du für 10–15 Waffeln

Teig:
210 g Butter
5 Eier
180 g Rohrzucker
1 Päckchen Vanillezucker
335 g Dinkelmehl Type 1050
1 TL Backpulver
90 g gemahlene Haselnusskerne
250 ml Milch

Außerdem:
Butter für das Waffeleisen
Puderzucker zum Bestauben

Für den Teig die Butter in einem Topf schmelzen und etwas abkühlen lassen. Die Eier mit dem Zucker und dem Vanillezucker sehr cremig aufschlagen. Mehl, Backpulver und Haselnüsse mischen und mit der Zucker-Ei-Masse vermengen. Abwechselnd die Butter und die Milch hinzufügen und alles rasch zu einem Teig verrühren.

Ein Waffeleisen mit etwas Butter einfetten, mithilfe einer Kelle Teig einfüllen und auf niedrigster Stufe langsam hellbraune Waffeln ausbacken.

Anschließend die Waffeln mit Puderzucker bestauben und servieren.

Linsenkräcker

Linsen kommen bei uns fast täglich auf den Tisch, neuerdings auch in Form von diesen kleinen Linsenkräckern. Beim ersten Rezeptversuch haben wir noch direkt in der Küche das ganze Blech weggeknuspert! Sie sind auch perfekt für die Vesperbox in der Schule.

Das brauchst du für 1 Backblech

Teig:
100 g rote Linsen
50 g geschroteter Leinsamen
20 g Sesamsamen
10 g Mohnsamen
20 g Buchweizen
1 TL Salz
2 EL Öl
10 g gemahlene Mandelkerne
30 g Dinkelmehl Type 630
15 g Haferflocken

Außerdem:
2 EL Olivenöl zum Bestreichen

Für den Teig die Linsen am Vortag über Nacht einweichen.

Am nächsten Tag die Linsen abgießen. Mit den restlichen Zutaten in eine Schüssel geben. 200 ml kochendes Wasser hinzufügen und alles mit einem Kochlöffel zu einem Teig vermengen. Den Teig etwa 1 Stunde quellen lassen.

Den Backofen auf 200 °C Umluft vorheizen und ein Backblech mit Backpapier auslegen.

Den Teig jeweils mit einem Teelöffel als Kräcker mit etwas Abstand zueinander auf das Backpapier setzen. Die Teiglinge mit dem Olivenöl einpinseln und flach drücken.

Die Kräcker im vorgeheizten Ofen in 20 Minuten kross backen. Anschließend herausnehmen, vollständig abkühlen lassen und servieren.

Joghurt-Geburtstagstörtchen

Geburtstagstörtchen, klein und rund und süß: Diese kleinen Gugelhupfe bringen wir jedes Jahr zur Geburtstagsfeier in der Kita mit. Ein simpler Rührteig, mit Joghurt verfeinert, der auch am nächsten Tag noch wunderbar saftig schmeckt und nicht krümelt. Gerade für Kitakinder haben die Törtchen genau die richtige Größe und zack, sind sie auch schon aufgegessen.

Das brauchst du für 24 Mini-Gugelhupfe

150 g weiche Butter plus mehr für die Form
150 g Zucker
2 Eier
100 g Naturjoghurt
200 g Dinkelmehl Type 630
1 TL Backpulver

Den Backofen auf 170 °C Umluft vorheizen und die Mulden der Mini-Gugelhupfform mit Butter gut ausfetten.

Die Butter und den Zucker mit dem Handrührgerät schaumig aufschlagen. Nacheinander die Eier und den Joghurt dazugeben. Das Mehl und das Backpulver mischen, hinzufügen und alles zu einem Teig vermengen.

Den Teig in einen Spritzbeutel füllen und in die Mulden der Mini-Gugelhupfform einfüllen.

Die Törtchen im vorgeheizten Ofen etwa 12–15 Minuten backen. Anschließend herausnehmen. Noch lauwarm aus der Form stürzen und servieren.

Brownie mit Zuckerguss-Gespenstern

Wir könnten uns fragen, warum auf den besten Brownie der Welt auch noch ein süßer Guss drauf muss. Lassen wir das und erfreuen uns stattdessen am Leuchten der Kinderaugen über die Zuckeraugen auf diesem, um es noch mal zu betonen, WELTBESTEN Brownie. Einfach backen, die Kinder lieben es. Ich kratze die Glasur auf meinem Stück dezent einfach wieder ab. Aber nicht weitersagen.

Das brauchst du für 1 flache Tarteform (ø 28 cm)

Teig:
100 g Zartbitterschokolade
200 g Butter
6 EL Kakaopulver
4 Eier
350 g Zucker
200 g Dinkelmehl Type 630

Außerdem:
200 g Puderzucker
Zuckeraugen zum Dekorieren

Den Backofen auf 170 °C Umluft vorheizen und die Tarteform mit Backpapier auslegen.

Für den Teig die Schokolade hacken. Mit der Butter und dem Kakaopulver in einem Topf bei sehr niedriger Temperatur zum Schmelzen bringen. Anschließend die Schokomasse abkühlen lassen.

Dann die Eier und den Zucker mit einem Schneebesen kurz verrühren, auf keinen Fall schaumig aufschlagen. Die Schokomasse unter Rühren einfließen lassen. Zuletzt das Mehl hinzufügen und alles gut zu einem Teig vermengen.

Den Teig in die Form füllen. Den Kuchen im vorgeheizten Ofen etwa 20–25 Minuten backen. Danach herausnehmen und in der Form vollständig abkühlen lassen.

Den Puderzucker und 35 ml Wasser zu einem dicken Zuckerguss verrühren. Aus der Glasur mit einem kleinen Löffel weiße, gespensterartige Formen auf den Kuchen malen. Zuletzt den Kuchen mit Zuckeraugen dekorieren. Die Glasur fest werden lassen und den Kuchen servieren.

Im Winter basteln oder backen wir fast jeden Tag, während draußen ein kalter Wind durch unseren Hinterhof pfeift, um die letzten Blätter von den Bäumen zu schütteln. Mit der Weihnachtsbastelei können wir nie früh genug anfangen, schließlich wollen wir schon am ersten Advent die Wohnung schmücken und die ersten Plätzchen verspeisen.

WINTER

Die Marzipan-Dattel-Kugeln sind sehr schnell hergestellt und schmecken schon so richtig winterlich. Die Bratapfelringe mit Haselnüssen und Zimt brauchen zwar etwas länger, sorgen aber besonders lauwarm für ein vorfreudig weihnachtliches Ziehen im Bauch.

Himbeer-Marzipan-Zopf

Fluffig zarter Hefeteig, Himbeermarmelade und Marzipan – was für eine köstliche fruchtige Kombi für einen Weihnachtszopf. Perfekt für den Adventsbrunch.

Das brauchst du für 1 Zopf in der Springform (ø 26 cm)

Teig:
1/2 Würfel frische Hefe
200 ml Milch
500 g Dinkelmehl Type 630
100 g Zucker
60 g Butter
1 Ei

Füllung:
100 g Marzipanrohmasse
100 g gemahlene Mandelkerne
100 g weiche Butter
150 g Himbeermarmelade
Abrieb von 1 unbehandelten Orange

Eistreiche:
1 Eigelb
3 EL Milch

Glasur:
100 g Puderzucker
17 ml Zitronensaft
Lebensmittelfarbe (rosa)

Außerdem:
Mandelblättchen zum Bestreuen

Für den Teig die Hefe in eine große Rührschüssel bröseln. 3 EL Wasser zugeben und die Hefe unter Rühren mit einem Schneebesen auflösen. Die restlichen Zutaten hinzufügen. Alles mit den Händen oder dem Knethaken der Küchenmaschine zu einem feuchten Teig verkneten. Die Schüssel abdecken und den Teig etwa 1 Stunde ruhen lassen.

Für die Füllung das Marzipan mithilfe einer Vierkantreibe zerkleinern und mit den restlichen Zutaten vermischen.

Eine Springform mit Backpapier auslegen und ein ofenfestes Schälchen in der Mitte platzieren. Den Backofen auf 180 °C Umluft vorheizen.

Anschließend den Teig auf einer mit Mehl bestaubten Arbeitsfläche zu einem Rechteck von 60 x 30 cm ausrollen und mit der Füllung bestreichen. Den Teig von der langen Kante her einrollen und die Rolle mit einem Brotmesser der Länge nach durchschneiden. Die beiden Teigstränge so miteinander verdrehen, dass die Schnittkanten immer nach oben weisen. Zu einem Kranz legen und um das Schälchen herum in die Springform setzen.

Für die Eistreiche das Eigelb und die Milch mit einer Gabel verquirlen, den Zopf damit bestreichen und im vorgeheizten Ofen etwa 30–40 Minuten hellbraun backen. Anschließend herausnehmen, abkühlen lassen und mit dem Zuckerguss und den Mandelblättchen dekorieren.

Perlmutt-Sterne

Ich weiß nicht, ob das nur bei uns so ist, aber in unserem Haushalt wird wie wild alles an Materialien gesammelt. Kartons, Seidenpapierreste, Verpackungschips. Jeder kleine Schnipsel ist ein großer Schatz und natürlich gehört dazu auch jede einzelne Klorolle. Diese Sterne sind ziemlich schnell gebastelt und mit Perlmutt-Tusche bemalt wirklich schön festlich.

Das brauchst du für 1 Stern

1 Toilettenpapierrolle
Schere
flüssiger starker Alleskleber
Glas
Pinsel
Perlmutt-Tusche

Die Toilettenpapierrolle flach drücken und mit einer Schere drei Streifen von je etwa 1,5–2 cm Breite abschneiden. An den schmalen geknickten Kanten ein Dreieck ausschneiden, dabei darauf achten, dass die geknickten Kanten noch zusammenhalten.

Die drei Sternenstreifen ineinanderstecken und mit flüssigem Klebstoff festkleben. Mit einem Glas beschwert trocknen lassen.

Zuletzt die Sterne mithilfe eines Pinsels mit Tusche bemalen und die Farbe trocknen lassen.

Frühstücksscones mit Orangen

Keine Ahnung, warum die Kinder ausschließlich an den Wochenenden so früh aufstehen müssen, aber mit diesen schnellen Scones macht das Frühstück auf jeden Fall Spaß, auch wenn es draußen noch dunkel ist. Der Teig ist kinderleicht gemacht und die Form der Scones kann beliebig kreiert werden.

Das brauchst du für ca. 9 Scones

Teig:
200 g Dinkelmehl Type 630
100 g Zucker
2 TL Backpulver
Abrieb von 1 unbehandelten Orange
1 Prise Salz
100 g kalte Butter, gewürfelt
80 ml Orangensaft
50 g getrocknete Kirschen

Glasur:
100 g Puderzucker plus mehr zum Bestauben
20 ml Grapefruitsaft
Lebensmittelfarbe, orange

Den Backofen auf 180 °C Umluft vorheizen und ein Backblech mit Backpapier auslegen.

Mehl, Zucker, Backpulver, Orangenabrieb und Salz in einer Rührschüssel mischen. Die Butter hinzufügen und die Mischung mit den Fingerspitzen zerkrümeln. Den Orangensaft und die Kirschen dazugeben und alles mit einem Löffel rasch zu einem krümeligen Teig vermengen.

Die Krümel auf das Backpapier geben und mit den Händen leicht zu Scones zusammenschieben.

Die Scones im vorgeheizten Ofen etwa 25–30 Minuten backen. Anschließend herausnehmen und leicht abkühlen lassen.

Für die Glasur den Puderzucker, den Grapefruitsaft und die Lebensmittelfarbe glattrühren. Die Scones mit etwas Puderzucker bestauben, mit der Glasur beträufeln und servieren, sobald diese fest geworden ist.

Glitzernde Mohnkapsel-Anhänger

Hier bekommen unsere im Herbst getrockneten Mohnkapseln einen glitzernden Auftritt. Jeder Anhänger ist einzigartig in seiner Form und es macht den Kindern einen Riesenspaß, die angemalten Kapseln mit den Glitzersteinen zu verzieren. Sie schmücken nicht nur den Baum, sondern sind natürlich auch als Geschenkanhänger oder Tischkarte eine festliche Idee!

Das brauchst du für 1 Mohnkapsel

getrocknete Mohnkapsel
Pinsel
Acryfarbe
dünner Kupferdraht
Nadel
Holzperlen
Miniperlen
selbstklebende Glitzersteine

Den Stiel der Mohnkapsel abbrechen und die Kapsel mithilfe eines Pinsels mit Acrylfarbe bemalen. Dann trocknen lassen.

Den Kupferdraht auf eine Nadel fädeln und diese durch das obere Ende der Kapsel stechen. Auf beiden Seiten Perlen auf den Draht fädeln und diesen oben verknoten. Zuletzt die Kapseln mit Glitzersteinen bekleben.

Brownie-Bites

Beste Brownies, nur in ganz klein. Diese Minihappen nehmen wir für alle Zeiten in unser Weihnachtsrepertoire in der Plätzchendose auf. Äußerst schokoladig, einfache Zubereitung und sie schmecken gut verpackt und möglicherweise direkt aus dem Kühlschrank am allerleckersten.

Das brauchst du für 1 Backblech

Teig:
200 g Zartbitterschokolade
100 g Vollmilchschokolade
60 g Butter
120 g Zucker
2 Eier
1 Päckchen Vanillezucker
70 g Dinkelmehl Type 630
30 g Kakaopulver

Außerdem:
grobes Meersalz zum Bestreuen (optional)

Für den Teig beide Schokoladen grob hacken. Mit der Butter in einem Topf bei niedriger Temperatur schmelzen. Zucker, Eier und Vanillezucker mit dem Handrührgerät schaumig aufschlagen. Die Schoko-Butter-Masse langsam einfließen lassen. Zuletzt das Mehl und das Kakaopulver in einer Schale mischen, in den Teig sieben und zügig unterheben.

Den Backofen auf 180 °C Umluft vorheizen und ein Backblech mit Backpapier auslegen.

Aus dem Teig mit zwei Teelöffeln Häufchen auf das Backpapier geben und nach Belieben mit etwas Meersalz bestreuen.

Die Brownies im vorgeheizten Ofen etwa 8 Minuten backen, bis die Oberfläche kleine Risse bekommt. Anschließend herausnehmen, abkühlen lassen und servieren.

Weihnachtskarten zum Besticken und Verschicken

Lebkuchenspaß, ganz ohne klebrigen Teig an den Fingern! Mit ein bisschen brauner Pappe und weißer Tusche können sich die Kinder ihre Lebkuchen-Traumschlösser ganz einfach aufmalen. Und alle Kinder, die gerne mit Nadel und Faden basteln, können sich ihr Lieblingsmuster auf Handschuhe und andere Formen aus brauner Wellpappe sticken.

Das brauchst du für viele hübsche Karten

Pappkarton, braun
oder Kraftpapier, naturfarben
Bleistift
Schere
Pinsel
Tusche, weiß
Farbstift, weiß
Wachsmalstift, weiß
Nadel, spitz
Nähnadel, stumpf
Garn
Holzperlen (ø 1 cm)

Auf Pappkarton oder Kraftpapier die Konturen von Lebkuchenhäuschen, Handschuhen, Bäumchen oder anderen Formen aufzeichnen und ausschneiden.

Mit dem weißen Farbstiften oder mithife eines Pinsels mit weißer Tusche Konturen und Muster auf die Karten aufmalen.

Zum Besticken der Karten mit einer spitzen Nadel Löcher zu einem Muster in den Karton vorstanzen. Mithilfe der stumpfen Nähnadel und des Garns die Karten dann mit Kreuzstich oder anderen Stickstichen besticken. Nach Belieben Holzperlen auf die Nähnadel fädeln und in die Stiche einarbeiten.

Mandelspekulatius-Adventskränzchen

Knuspriger Mandelspekulatius in Form von kleinen, super süßen Adventskränzen. Und unsere Tochter konnte sich dazu nichts Leckereres vorstellen als grüne Gummischlangen auf saurem Grapefruit-Zuckerguss. Aber natürlich, und sogar sehr, schmecken die Spekulatiuskränze auch ohne süßes Dekor!

Das brauchst du für 2 Backbleche

Teig:
250 g Dinkelmehl plus mehr zum Arbeiten
100 g blanchierte und gemahlene Mandelkerne
120 g Zucker
1 TL Spekulatiusgewürz
2 Prisen Salz
1 TL Vanillepaste
120 g kalte Butter
1 Ei

Glasur:
200 g Puderzucker
35 ml Grapefruitsaft

Außerdem:
grüne Gummischlangen
bunte Zuckerperlen

Für den Teig Mehl, Mandeln, Zucker und Gewürze in eine Schüssel geben. Die kalte Butter würfeln und mit dem Ei zum Teig geben. Alles mit den Händen rasch zu einem geschmeidigen Teig verkneten, er sollte dabei nicht zu warm werden. Dann den Teig für mindestens 30 Minuten in den Kühlschrank stellen.

Den Backofen auf 170 °C Umluft vorheizen und zwei Backbleche mit Backpapier auslegen.

Eine glatte Arbeitsfläche mit Mehl bestauben und den Teig darauf etwa 4 mm dick ausrollen. Aus dem Teig Kreise oder andere Formen ausstechen und auf das Backpapier legen.

Die Kekse im vorgeheizten Ofen etwa 8–10 Minuten backen. Anschließend herausnehmen und auf einem Kuchengitter abkühlen lassen.

Für die Glasur den Puderzucker mit dem Grapefruitsaft glatt rühren. Die Glasur mit einem feinen Pinsel auf die Kekse aufbringen. Die Glasur mit Gummischlangen und Zuckerperlen verzieren, abkühlen lassen und die Kekse servieren.

Engel aus Papierförmchen

Unsere Sammlung an Papierförmchen ist ziemlich beeindruckend, kombiniert mit goldenen Pralinenkapseln schweben sie uns nun als kleine Engel über den Betten im Kinderzimmer entgegen. Sie schmücken ganz sicher auch den Weihnachtsbaum und gerade den Kleinsten bereitet es eine große Freude, die Papierförmchen glatt zu streichen.

Das brauchst du für 1 Engel

Muffinförmchen aus Papier, weiß
Klebestift
Pralinenkapseln aus Papier, gold
Tonkarton, hautfarben
Schere
Nadel
Nähgarn, weiß
Mini-Muffinförmchen aus Papier, weiß

Für das Engelskleid je ein großes Muffinförmchen flach drücken. An beiden Seiten nach innen falten und beide Seiten mit dem Klebestift fixieren. Ein weiteres großes Förmchen flach drücken, zur Hälfte falten und als Flügel hinter dem Kleid festkleben.

Eine kleine goldene Pralinenkapsel flach drücken und für den Heiligenschein in der Mitte falten.

Aus dem Tonkarton einen runden Kreis als Gesicht ausschneiden und mitsamt dem Heiligenschein an das Kleid kleben.

Mit Nadeln und Faden einen Aufhänger durch den Engel fädeln.

Bratapfelringe mit Haselnüssen und Zimt

Wenn der Duft von Apfel, Zimt und Butterblätterteig durch die Küche zieht, kommen genau diese Bratapfelringe frisch aus dem Ofen. Lauwarm sind sie ein Gedicht – und außerdem saftig, blättrig und kinderleicht gemacht!

Das brauchst du für ca. 10 Bratapfelringe

Bratäpfel:
2 Äpfel
1 Rolle frischer Blätterteig
100 g Zucker
2 TL Zimtpulver

Eistreiche:
1 Eigelb
4 EL Milch

Außerdem:
100 g gehobelte Haselnusskerne
Puderzucker zum Bestauben

Den Backofen auf 180 °C Umluft vorheizen und ein Backblech mit Backpapier auslegen.

Für die Bratäpfel die Äpfel schälen, in 1 cm dicke Scheiben schneiden und mit einem kleinen runden Plätzchenausstecher das Kerngehäuse entfernen.

Den Blätterteig mit einem Pizza- oder Teigroller in 1 cm breite Streifen schneiden.

Zucker und Zimt in einem flachen Schälchen mischen. Die Apfelringe von beiden Seiten darin wälzen.

Die Blätterteigstreifen um die Apfelringe wickeln und alles auf das Backpapier legen.

Für die Eistreiche das Eigelb und die Milch mit einer Gabel verquirlen. Den Blätterteig damit bestreichen und mit den gehobelten Haselnüssen bestreuen.

Die Bratapfelringe im vorgeheizten Ofen etwa 20–25 Minuten backen. Anschließend herausnehmen, mit Puderzucker bestauben und warm genießen.

1. Den Blätterteig in 1 cm breite Streifen schneiden.

2. Die Apfelringe in Zucker und Zimt wälzen.

3. Die Teigstreifen um die Apfelringe wickeln, ...

4. ... mit Eistreiche bepinseln und mit gehobelten Haselnüssen bestreuen.

Adventskalender mit goldenen Blättern

Ein Kalender für kleine Botschaften: fürs Eislaufen, Plätzchenbacken und einen Besuch im Weihnachtstheater … Mit Platz für Karussell-Chips, kleine Edelsteine und den Ring mit dem schönsten Glasdiamanten aus dem Spielzeugladen unten an der Ecke.

Das brauchst du für 1 Adventskalender

Olivenzweige
Eukalyptuszweige
Metallring (ø ca. 40 cm)
Blumendraht, grün
24 Kaffeefilter, naturfarben
Papierklebeband
Lochzange
Tonkarton, grün und mint
Schere
Zahlenstempel
Stempelfarbe, gold
Goldpapier oder Metallicpapier
1 Stück Wellpappe
Holzspieß
Geschenkband, gold und grün

Die Oliven- und Eukalyptuszweige locker um den Metallring legen und mit dem Blumendraht daran befestigen.

Jeweils die linke sowie die rechte Seite der Kaffeefilter von der oberen offenen Kante her zur Mitte hin falten, sodass sie übereinanderlappen und eine Spitze entsteht. Nochmals öffnen, mit einer Kleinigkeit befüllen und auf der Rückseite mit einem Stückchen Papierklebeband zukleben. Mit der Lochzange für die Aufhängung ein Loch in die Spitze stanzen.

Den Tonkarton in unterschiedlich lange Streifen schneiden und mit den Zahlenstempeln und goldener Stempelfarbe die Ziffern von 1 bis 24 aufstempeln.

Aus dem Goldpapier von Hand verschiedene Blattformen ausschneiden. Die Blätter auf die Wellpappe legen und mit einem Holzspieß und leichtem Druck auf das Papier ein Muster einprägen. Mit der Lochzange am unteren Ende Löcher einstanzen.

Jeweils einen Kaffeefilter mit einem Zahlen-Papierstreifen und einem goldenen Blatt auf ein Band fädeln und an den Adventskranz binden.

Dunkles Schokoladenkaramell-Fudge mit Pistazien und Salz

Alle lieben Fudge, die Mischung aus Karamell und Schokolade. Mit Nüssen und Salz ein Gedicht, das weit über Weihnachten hinaus zu unseren liebsten Pralinen des Jahres gehört.

Das brauchst du für 60–80 Stück

Fudge:
150 g Pistazien
300 g Zartbitterkuvertüre
115 g Zucker
30 g Butter
400 g gezuckerte Kondensmilch

Außerdem:
50 g Pistazien zum Bestreuen
1/2 TL Fleur de Sel

Für das Fudge 150 g Pistazien grob hacken. 50 g Pistazien zum Bestreuen sehr fein hacken. Die Kuvertüre ebenfalls grob hacken.

Den Zucker in einem Topf bei niedriger Temperatur ohne Rühren langsam schmelzen lassen. Anschließend die Butter dazugeben und mit einem Schneebesen gut verrühren. Danach die Kondensmilch hinzufügen und alles mit dem Schneebesen so lange zu einer Karamellmasse rühren, bis keine Klümpchen mehr zu sehen sind.

Dann den Topf vom Herd nehmen, die gehackte Kuvertüre zum Karamell geben und beides rasch zu einer cremigen Masse verrühren. Zuletzt die grob gehackten Pistazien unterheben.

Die Fudgemasse in einer mit Backpapier ausgelegten Springform verteilen. Die Masse zügig mit den fein gehackten Pistazien sowie dem Fleur de Sel bestreuen und bei Zimmertemperatur fest werden lassen.

Anschließend das Fudge mit einem scharfen Messer in kleine Würfel schneiden und servieren.

Bügelperlen-Tannenbäumchen

Verschneite Tannenbäume, die darauf warten, geschmückt zu werden – perfekt für alle Kinder, die es nicht mehr erwarten können, den Baum mit bunten Kugeln zu verzieren! Und ältere Kinder können mit den Pfeifenputzern auch schon Sterne knicken und diese mit aufgefädelten Perlen für den echten Baum vorbereiten.

Das brauchst du für 2 Tannenbäumchen

6 Pfeifenputzer, weiß
Schere
Bügelperlen, bunt

Die Pfeifenputzer in unterschiedlich lange Stücke schneiden und die kürzeren nach Tannenbaum-Manier um ein langes Stück Pfeifenputzer wickeln. Von beiden Seiten her Bügelperlen aufstecken.

Riesige Erdnussbutter-Hefeschnecke mit Zimtglasur

Nicht immer klein, auch mal in ganz groß ein wahres Gedicht. Diese riesige Zimtschnecke ist mit einer selbst gemachten Erdnussbutter gefüllt. Nach dem Backen wird sie mit einer Glasur aus Puderzucker und Zimt übergossen. Nachbacken, bitte!

Das brauchst du für 1 Riesen-Hefeschnecke in der Tarteform (ø 25 cm)

Teig:
60 g Butter plus mehr für die Form
1/2 Würfel frische Hefe
600 g Dinkelmehl Type 1050 plus mehr zum Arbeiten
100 g Zucker
ca. 200–250 ml Milch

Füllung:
100 g weiche Butter
100 g Zucker
150 g gesalzene Erdnusskerne
1 Prise Bourbon Vanille

Glasur:
200 g Puderzucker
35 ml Zitronensaft
1 TL Zimtpulver

Außerdem:
30 g gehackte Erdnusskerne

Für den Teig die Butter schmelzen. Die frische Hefe mit den Fingern in eine Rührschüssel bröseln und in 2 EL Wasser auflösen. Mehl, Zucker, flüssige Butter und Milch hinzufügen und alles kräftig zu einem elastischen Hefeteig kneten. Den Teig abgedeckt etwa 1 Stunde aufgehen lassen.

Für die Füllung die weiche Butter mit dem Zucker und den gesalzenen Erdnüssen mithilfe von Mixer oder Küchenmaschine zu einer cremigen Erdnussbutter verarbeiten.

Den Backofen auf 180 °C Umluft vorheizen und eine runde Auflaufform ausbuttern.

Den Hefeteig auf einer mit Mehl bestaubten Arbeitsfläche ausrollen und mit der Erdnussbutter bestreichen.

Den Teig mit einem Pizzaroller in 3 cm breite Streifen schneiden und diese in der Auflaufform von der Mitte aus beginnend rundherum zu einer Schnecke legen. Zuletzt mit gehackten Erdnüssen bestreuen. Die Erdnussbutterschnecke im vorgeheizten Ofen etwa 20-30 Minuten backen. Anschließend herausnehmen und abkühlen lassen.

Für die Glasur alle Zutaten verrühren. Die Schnecke damit bestreichen, abkühlen lassen und servieren.

Florentiner

Dieses Rezept hat mir meine Mama in das handgeschriebene Rezeptbuch notiert, welches sie mir zu meinem Aus- und Umzug nach Hamburg geschenkt hat. Ein absolutes Heimweh-Rezept, das einfach immer noch so köstlich schmeckt, nach Weihnachten, Karamell, Mandeln und zu Hause.

Das brauchst du für 1 Backblech

125 g süße Sahne
125 g Zucker
15 g Butter
100 g getrocknete Aprikosen
125 g gehobelte Mandelkerne
25 g Dinkelmehl Type 630
200 g Vollmilchkuvertüre

Den Backofen auf 180 °C Umluft vorheizen und ein Backblech mit Backpapier auslegen.

Sahne, Zucker und Butter in einem kleinen Topf aufkochen lassen. Die Aprikosen fein hacken. Mandeln, Aprikosen und Mehl zur Mischung in dem Topf geben und erneut einmal aufkochen lassen. Dann den Topf vom Herd nehmen.

Die Mandelmasse jeweils mit einem Teelöffel als Florentiner auf das Backpapier setzen und gleichmäßig flach drücken. Die Florentiner im vorgeheizten Ofen in etwa 15–20 Minuten goldbraun backen. Anschließend herausnehmen, das Backpapier mit den Florentinern sofort auf ein Kuchengitter ziehen und diese vollständig abkühlen lassen.

Die Kuvertüre grob hacken und in einer Schüssel über dem Wasserbad schmelzen. Ein sauberes Backpapier bereitlegen. Jeweils mit einem Teelöffel etwas Kuvertüre auf das Backpapier geben und einen Florentiner in den Schokoklecks drücken. So entsteht auf der Unterseite diese ganz dünne Schokoschicht.

Die Kuvertüre trocknen lassen. Danach die Florentiner vom Backpapier abziehen und entweder sofort servieren oder in einer verschlossenen Dose aufbewahren.

Familie Pinguin

Meine Kinder sind beide total fasziniert vom Nadelfilzen und davon, wie aus ein bisschen Wollplüsch durch kontinuierliches Einpiksen eine Form entsteht, eine Figur oder ein fusseliges Etwas wächst. Bei diesen Pinguinen haben beide Kinder sofort an ein Familienportrait von uns gedacht. Schulkinder können diese Technik schon ziemlich gut selbstständig entdecken.

Das brauchst du für 1 Pinguinfamilie

Wollfilz (Märchenwolle),
weiß, beige, grau, braun, schwarz, orange
Trockenfilznadeln, grob und fein
Schaumstoffunterlage

Als Grundkörper des Pinguins ein Stück weiße Märchenwolle zu einer avocadogroßen, ovalen Form auf einer Schaumstoffunterlage auslegen. Zu beiden Seiten graue und braune Wolle gemischt auf die Grundform legen und mit der groben Filznadel durch Einstechen und Herausziehen der Nadeln den Pinguinkörper in Form bringen. Eine plastische Körperform entsteht durch Drehen des Grundkörpers.

Anschließend können Gesicht, Schnabel, Gefieder und Augen aufgefilzt werden, dafür die feine Filznadel benutzen.

Leopardenkekse

Die ersten Leopardenkekse entstanden aus Mürbeteigresten vom Geburtstagskuchen unserer großen Tochter. Ich hatte das Baby auf dem Arm und den mit Kakaopulver gefärbten Teig in der freien Hand. Wir haben versucht, die verschiedenfarbigen Teigreste wieder zusammenzubringen, und auf einmal hatten wir das schönste Leopardenmuster aus Butterkeksteig vor uns, das wir je gesehen hatten.

Das brauchst du für 1 Backblech

Teig:
300 g Dinkelmehl Type 630
1 Ei
100 g Zucker
170 g Butter, gewürfelt
1 Päckchen Vanillezucker

Außerdem:
1–2 EL Kakaopulver
zum Färben des Teiges

Den Backofen auf 180 °C Umluft vorheizen und ein Backblech mit Backpapier auslegen.

Für den Mürbeteig alle Zutaten in eine Rührschüssel geben und mit den Fingerspitzen oder dem Knethaken der Küchenmaschine rasch zu einem glatten Teig verarbeiten.

Die Hälfte des Teiges beiseitestellen. Die andere Hälfte dritteln und die Drittel mit jeweils größeren und kleineren Mengen Kakaopulver zu unterschiedlich dunklem Kakaoteig einfärben.

Den nicht eingefärbten Teig etwa 1 cm dick ausrollen, das klappt am besten zwischen zwei Lagen Frischhaltefolie. Die Folie entfernen, mit dem hellsten Kakaoteig kleine Flecken auf den Teig legen, mit den Fingern leicht andrücken, mit Folie abdecken und mithilfe der Teigrolle mit dem hellen Teig verbinden. Diesen Vorgang mit dem Teig in den anderen Brauntönen wiederholen. Zuletzt aus dem Teigmix mit Plätzchenausstechern Formen ausstechen und diese auf das Backpapier legen.

Die Kekse im vorgeheizten Ofen etwa 9–12 Minuten backen. Anschließend herausnehmen, abkühlen lassen und servieren.

1. Eine Teighälfte dritteln und mit unterschiedlichen Mengen Kakao einfärben.

2. Die helle Teighälfte zwischen Folie ausrollen.

3. Nach und nach Flecken aus Kakaoteig auf dem Teig verteilen ...

4. ... und leicht festdrücken.

5. Folie auf den Teig legen und die Flecken mithilfe der Teigrolle ...

6. ... mit dem hellen Teig verbinden.

7. Nach Belieben verschiedene Formen ausstechen.

8. Die Teigreste erneut ausrollen.

Schoko-Kirsch-Streuseltorte

Ein wahr gewordener Traum einer Schwarzwälder Kirschtorte, ganz ohne die Arbeit der Tortenbäckerei. Sahne, Kirschen, Haselnussstreusel, Schokomürbeteig. Meine Mama hat mir viele Jahre lang eine richtige Schwarzwälder Kirschtorte zu meinem Geburtstag im Januar gebacken. Die Torte erinnert mich für immer an unsere Skiferien auf einer Hütte am Feldberg, wo meine Mama mir das Skifahren beigebracht hat, als ich drei Jahre alt war.

Das brauchst du für 1 Springform (ø 26 cm)

Füllung:
2 Gläser Sauerkirschen (à 350 g)
500 ml Kirschsaft + 3 EL mehr zum Anrühren
70 g Vanillepuddingpulver
2 EL Zucker

Teig:
290 g Dinkelmehl Type 1050 plus mehr zum Arbeiten
80 g Zucker
150 g Butter, gewürfelt, plus mehr für die Form
1 Ei
1 Prise Salz
2 EL Kakaopulver

Streusel:
110 g Butter
100 g Zucker
100 g Dinkelmehl Type 1050
100 g gemahlene Haselnusskerne

Außerdem:
500 g süße Sahne
Kakaopulver zum Bestauben

Für die Füllung die Kirschen abtropfen lassen. 500 ml Saft in einem Topf aufkochen lassen. Das Vanillepuddingpulver in einem kleinen Schälchen mit den 3 EL Kirschsaft und dem Zucker anrühren. Diese Mischung mithilfe eines Schneebesens mit dem kochenden Saft vermengen. Sobald der Saft angedickt ist, den Topf vom Herd nehmen und die Kirschen hinzufügen. Die Kirschmasse beiseitestellen und abkühlen lassen.

Den Backofen auf 180 °C Umluft vorheizen und eine Springform ausbuttern.

Für den Mürbeteig alle Zutaten in eine Rührschüssel geben und mit den Fingerspitzen oder dem Knethaken der Küchenmaschine rasch zu einem glatten Teig verarbeiten. Eine Arbeitsfläche mit Mehl bestauben und den Mürbeteig darauf ausrollen. Die Springform mit dem Teig auskleiden.

Für die Streusel die Butter in einem Topf schmelzen. Zucker, Mehl und Haselnüsse dazugeben und mit einem Kochlöffel vermengen.

Die Kirschfüllung auf den Mürbeteig geben und die Streusel darüber verteilen. Den Kuchen im vorgeheizten Ofen etwa 30–40 Minuten backen. Anschließend herausnehmen und abkühlen lassen.

Die Sahne steif schlagen und vor dem Anrichten auf den Kuchen geben. Den Kuchen mit Kakaopulver bestauben und servieren.

Marzipan-Dattel-Kugeln

Wir haben hier ein altes Familienrezept mit etwas Orangenschale und Datteln verfeinert. Umhüllt von weißer Schokolade sind die Marzipankugeln auch ein tolles Geschenk für die Liebsten. Am besten schmecken diese Pralinen direkt aus dem Kühlschrank.

Das brauchst du für ca. 20 Kugeln

Teig:
200 g Marzipanrohmasse
50 g Datteln
1 TL Vanillepaste
40 g Puderzucker
2 EL Orangensaft
40 g gemahlene Walnusskerne
30 g fein gehackte Walnusskerne
Abrieb von 1/2 unbehandelten Orange

Außerdem:
200 g weiße Kuvertüre
gehackte Walnusskerne, gehackte Gojibeeren und weiße Schokoladenstückchen zum Dekorieren

Für den Teig Marzipan, Datteln, Vanillepaste, Puderzucker und Orangensaft mithilfe von Küchenmaschine oder Mixer zu einer feinen Masse verarbeiten.
Die gemahlenen sowie die fein gehackten Walnüsse und den Orangenabrieb hinzufügen und alles mit den Händen verkneten. Aus der Marzipanmasse kleine, haselnussgroße Kugeln formen.

Die Kuvertüre grob hacken und in einer Schüssel im Wasserbad schmelzen. Die Marzipankugeln jeweils auf einer Gabel in die Schokolade tauchen, dann etwas abtropfen lassen und auf ein Backpapier setzen.

Die Kugeln mit Walnüssen, Gojibeeren und Schokoladenstückchen dekorieren. Die Kuvertüre bei Zimmertemperatur fest werden lassen und die Marzipankugeln dann servieren.

Schneeflockenschmuck aus Kaltporzellan

Anders als Salzteig wird diese Masse im Topf gekocht. Die Arbeit lohnt sich, denn es entsteht eine leuchtend weiße, feine Mischung, die wie Plätzchenteig verarbeitet werden kann. Nach dem Trocknen kann das Kaltporzellan sogar mit Tusche oder wie hier mit Glitzerkleber bemalt werden.

Das brauchst du für 10 Schneeflocken

250 g Natron
Topf
Löffel
120 g Maisstärke plus mehr zum Arbeiten
Teigrolle
Plätzchenformen
Pinsel
Tusche
Acrylfarbe
Glitzerkleber

Natron, Stärke und 170 ml Wasser in einem Topf mischen. Die Masse unter Rühren aufkochen, bis sie bindet und sich eine weiße Schicht am Boden des Topfes bildet. Dann die noch heiße Masse zu einer Kugel formen und etwas abkühlen lassen. Nach etwa 10 Minuten kann das Kaltporzellan mit den Händen durchgeknetet werden.

Das Kaltporzellan auf einer mit Stärke bestaubten Arbeitsfläche ausrollen. Daraus mit Plätzchenformen Schneeflocken und andere Formen ausstechen. Alle Formen auf ein Kuchengitter legen und etwa 2 Tage trocknen lassen, durch mehrmaliges Wenden während des Trocknens verhindert man das Aufwölben der einzelnen Formen.

Wenn die Formen vollständig durchgetrocknet sind, diese mithilfe eines Pinsels mit Tusche, Acrylfarbe oder Glitzerkleber bemalen.

Cheesecake-Brownies

Die Frage, ob man zwei Kuchen miteinander kombinieren kann, stellt sich spätestens nach diesem Kuchen nicht mehr. Cremiger Käsekuchen auf schokoladigem Brownie – das Beste aus zwei Welten!

Das brauchst du für 1 quadratische Backform (20 x 20 cm)

Teig:
100 g Zartbitterschokolade
6 EL Kakaopulver
200 g Butter
4 Eier
350 g Zucker
200 g Dinkelmehl Type 630

Füllung:
130 g Quark
150 g Frischkäse
2 Eier
100 g Zucker
1 TL Vanillepuddingpulver

Den Backofen auf 170 °C Umluft vorheizen und eine quadratische Backform mit Backpapier auslegen.

Für den Brownieteig die Schokolade hacken und in einem Topf mit der Butter und dem Kakaopulver auf sehr niedriger Stufe zum Schmelzen bringen. Die Schokoladenmasse abkühlen lassen.

Die Eier und den Zucker mit einem Schneebesen kurz verrühren, auf keinen Fall schaumig aufschlagen und die Schokomasse unter Rühren einfließen lassen. Das Mehl dazugeben und alles gut vermengen. 3 EL Teig beiseitestellen und den restlichen Teig in die Form füllen.

Für die Cheesecakefüllung alle Zutaten mit einem Schneebesen verrühren und auf den Brownieteig in die Form geben.

Mit einem Teelöffel den restlichen Brownieteig oben auf die Cheesecakefüllung klecksen und den Kuchen fünf Minuten im vorgeheizten Ofen backen.
Kurz herausholen und die beiden Teige mit einem Holzstäbchen an der Oberfläche ineinander marmorieren. Den Kuchen weitere 30–40 Minuten backen, aus dem Ofen nehmen und in der Form auskühlen lassen.

Register nach ABC

Register Backen

Register Basteln

Dank

Ich danke meinen beiden knuffigen Kindern für die Inspiration zu vielen Projekten in diesem Buch, für ihre Geduld bei der Herstellung und für die Leihgabe ihrer Bastelmaterialien. Ja, ich stelle alles wieder zurück, und Glitzerkleber, Perlen und buntes Klebeband kaufe ich euch auch wieder nach.

Ich danke meinem Verlobten Christian, der in den unglaublich vielen Jahren unseres Zusammenseins oft, sehr oft, mein Chaos nach einer Rezeptentwicklung in der Küche beseitigt. Der spät abends noch mal in den Supermarkt radelt, um vergessene Zutaten einzukaufen. Ohne ihn würde es dieses Buch, meinen Traum von einem eigenen Buch, nicht geben. Die Ausnahmesituation, dieses Buch zu produzieren, hat uns als Familie einiges abverlangt, und auch wenn unsere Kinder es als großes Abenteuer empfanden, vier Wochen im Kinderzimmer auf dem Teppich zu essen, und auch wenn es zum Abendessen sehr viel Kuchen gab, freue ich mich sehr, dass wir diese Zeit zusammen gemeistert haben. Lieber Christian, dieses Buch ist auch dein Buch.

Ich danke meiner Mama für all die Kuchenteige, die ich als Kind für sie zubereiten musste/durfte, für den Duft ihrer karamellisierten Florentiner, wenn sie frisch aus dem Ofen kamen. Für ihre liebevolle Art, mich als Kind zu trösten, wenn die Vanillekipferln nicht genau die perfekte Form hatten. Danke, Mama, dass du dieses Buch eintausend Mal mit mir Korrektur gelesen hast, und für dein großes Talent, dich in stundenlangen Telefonaten in jeden Backprozess einfühlen zu können. Liebe Mama, danke für deine kulinarische Inspiration!

Vielen Dank an meine Schwester für ihre Makramee-Künste!

Ich danke Lisa, die mich bei der Buchproduktion unglaublich unterstützt hat, die Teige für mich zubereitet hat, mir in meiner Verzweiflung, ob ein Rezept so richtig war, gut zugesprochen hat, und die sich in der Zeit der Produktion regelmäßig so liebevoll um unsere Kinder gekümmert hat. Und die mir so oft fehlende Zutaten, Klebstoff und sogar Streichhölzer geduldig über den Balkon herübergereicht hat.

Vielen Dank an Lovis, für die wildesten Touren, die sie mit mir durch die norddeutschen Trödelhallen gemacht hat, immer auf der Suche nach den schönsten Kuchengabeln und Requisiten, und für ihre Inspiration zum Regenbogenkranz im Sommerkapitel.

Vielen Dank an Ini von Wearestudiostudio.de für die Leihgaben ihrer schönsten handgedrehten Keramik aus ihrem Hamburger Studio.

Danke an Janine (janineoswald.de) für das tolle winterliche Fotoshooting in Eppendorf und für ihr Autorinnenfoto von mir.

Von Herzen Dankeschön an Claudia, Franzi, Gundula, Clara und Mia für eure großartige Unterstützung.

Vielen Dank an meine Lektorin Britta vom Christian Verlag, die mir unglaublich dabei geholfen hat, dieses Buch so zu machen, dass es meine ganz eigene Handschrift hat. Liebe Britta, ich danke dir sehr, dass du an meine vielen kreativen Ideen geglaubt und mir im größten Stress Vertrauen für dieses Projekt geschenkt hast.

Ein großes Dankeschön an Kim von studio zitrone für das wunderschöne Layout in diesem Buch.

Und ein riesengroßer Dank geht an all die tollen, ambitionierten Testesser:innen die sich jedes meiner Experimente haben schmecken lassen. Falls ihr noch Keksdosen, Tortenplatten und Kuchenteller von mir habt, stellt sie einfach wie immer auf unsere Terrasse.

DANKE.

Über die Autorin

Milena ist einst aus einem süddeutschen Dorf nach Hamburg gezogen, um dort Produktdesign Textil zu studieren. Nach ihrem Diplom arbeitete sie als freischaffende Künstlerin mit verschiedenen Galerien und Museen zusammen. Außerdem ist sie Fachlehrerin für Handarbeit und Schneidern. Auf ihrem Food- und DIY-Blog und dem dazugehörigen Instagram-Kanal liefert sie täglich Inspirationen zu nachhaltigen, gesunden und köstlichen Rezepten und Kreativideen für Familien. Manche zeigt sie auch in regelmäßigen Kolumnen auf verschiedenen Blogzines sowie bei Printmagazinen und auch im Fernsehen.

Milena lebt mit ihrer Familie in Hamburg Eppendorf, wo sie Freund:innen gerne mit feinen Kuchenexperimenten überrascht. Sie liebt die Hortensien auf ihrer Hinterhofterrasse, fährt am liebsten mit dem Lastenrad durch die Stadt und erholt sich mit Vorliebe beim Kaiserschmarrnessen und Blumenkranzbinden in den Bergen.

Impressum

Produktmanagement: Britta Bettendorf

Redaktion: Constanze Lüdicke

Korrektorat: Birgit Schneck

Layout & Satz: studio zitrone, Kim Aichholz

Umschlaggestaltung: Regina Degenkolbe

Repro: LUDWIG:media

Herstellung: Julia Hegele

Printed in Türkiye by Elma Basim

Rezepte, Texte & Fotografie: Milena Krais

Unser komplettes Programm finden Sie unter

www.christian-verlag.de

ISBN: 978-3-95961-792-5

★★★★★

Sind Sie mit diesem Titel zufrieden? Dann würden wir uns über Ihre Weiterempfehlung freuen.

Erzählen Sie es im Freundeskreis, berichten Sie Ihrem Buchhändler oder bewerten Sie bei Onlinekauf. Und wenn Sie Kritik, Korrekturen, Aktualisierungen haben, freuen wir uns über Ihre Nachricht an

Christian Verlag,
Postfach 40 02 09, D-08702 München
oder per E-Mail an
lektorat@verlagshaus.de

Bildnachweis
Alle Bilder des Innenteils und auf dem Umschlag stammen von Milena Krais mit Ausnahme von S. 7 und S. 189: Janine Oswald

Die Deutsche Nationalbibliothek verzeichnet diese Publikation in der Deutschen Nationalbibliografie; detaillierte bibliografische Daten sind im Internet über http://dnb.d-nb.de abrufbar.

2. Auflage 2023

Ebenfalls erhältlich ...

ISBN 978-3-95961-589-1

ISBN 978-3-95961-665-2

ISBN 978-3-95961-736-9

ISBN 978-3-95961-676-8

CHRISTIAN

www.christian-verlag.de